激活副业

个人多元创收的N种方法

[美] 多利·克拉克（Dorie Clark）著
苏子全　译

——

Entrepreneurial
you

Monetize Your Expertise, Create Multiple
Income Streams, and Thrive

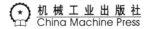

机械工业出版社
China Machine Press

图书在版编目（CIP）数据

激活副业：个人多元创收的 N 种方法 /（美）多利·克拉克（Dorie Clark）著；苏子全译 . —北京：机械工业出版社，2022.11

书名原文：Entrepreneurial You: Monetize Your Expertise, Create Multiple Income Streams, and Thrive

ISBN 978-7-111-71783-6

I. ① 激…　II. ① 多…　② 苏…　III. ① 副业 - 基本知识　IV. ① F241.4

中国版本图书馆 CIP 数据核字（2022）第 187306 号

北京市版权局著作权合同登记　图字：01-2021-3046 号。

激活副业：个人多元创收的 N 种方法

出版发行：机械工业出版社（北京市西城区百万庄大街 22 号　邮政编码：100037）

责任编辑：李文静　　　　　　　　　　　责任校对：史静怡　张　征

印　　刷：保定市中画美凯印刷有限公司　版　　次：2022 年 11 月第 1 版第 1 次印刷

开　　本：170mm×230mm　1/16　　　　印　　张：15.75

书　　号：ISBN 978-7-111-71783-6　　　定　　价：69.00 元

客服电话：（010）88361066　68326294

谨以此书

承载我的爱和感激

献给安·托马斯和盖尔·克拉克

序 言

撰写本书的原因

对创业者而言，有个令人不快的秘密：即使足够优秀，即使在自身所处领域广为人知、广受尊重，你也不一定能成功。

互联网和经济全球化让我们有机会接触到数百万人，有机会按照自己的方式工作，也有机会获得源源不断的收入。但是，对大多数创业者而言，事实并不是这样，因为这个世界的收入越来越不和"成功"成正比。在差旅过程中，我见过太多出众的创业者，他们在各自的领域表现出色，但是获得的收入很难与自身价值相匹配。如果做选择时不够慎重，即使你有才华，受人尊重，也有可能无法获得与你的付出相称的收入。

哪里出了问题呢？我们怎样才能扭转这种不利情况，重拾对创业的希望呢？为了回答这些问题，我采访了50多位成功的创业者。他们或单独创业，或开展的业务规模很小，但是他们的收入却高达六位数、七位数甚至八位数。我把实践过程中学到的经验总结成了这本书，希望告诉你如何利用专长赚钱，如何在新的经济环境中把业务做久、做大。

无论你是普通的或是有雄心壮志的创业者，还是把创业作为另一种收入来源的上班族，你都能在本书中找到行之有效的策略，从而借助正在从事的工作开拓新的收入来源，为自由灵活地工作寻找新的出路。

在做过记者、总统竞选活动发言人和非营利组织执行负责人后，我在2006年开展了营销战略咨询业务，正是在那个时候，我萌生了撰写本书的想法。

最开始，我非常高兴能在家当自己的老板。当时我唯一的目标就是获得收入，确保收入大于支出。为了实现这个目标，我几乎承接了所有领域、所有规模的业务：我为一位非营利组织的主席撰写过发言稿，得到了500美元；为一家政府机构策划过宣传方案，赚了1000美元；周末飞到全美各地做培训，每次挣600美元，外加报销机票（客户给我的交通费用有限，所以每次出行我都需要转两次飞机）。这并不是我心中理想的工作状态。

创业的最初几年异常忙碌。我长时间工作，在网上和他人交流以寻找开展业务的机会，还会直接为客户提供现场服务。当我的业务更加稳定的时候，我放弃了那些只能挣几百美元的项目。几年之内，我就挣到了可观的六位数收入。

多数时候，我要么在和客户会面，要么在会面的路上。我发现自己陷入了成功创业者常见的陷阱：你的创业项目十分成功，但是除了服务现有的客户，你几乎没有时间做其他事情。

如果沿着这条路走下去，接下来的几年里我的业务将不断壮大，生活质量也会显著提升。随着时间的推移，人们对我的看法会从"才华横溢、冉冉上升的年轻顾问"转变为"遇到问题必找的顾问"，我可能还能与当地的一些一流公司合作。

但我想要的不仅仅是这些。

我本来希望多去旅行，享受快乐，但是事与愿违。为了与客户会面以及满足客户随叫随到的期望（我帮助客户培养了这样的期望），我无法到处游玩。我是我自己的老板，但没有觉得特别自由。

因此我希望能达成以下两点：第一，客户升级，今后与预算更多、规模更大的公司合作；第二，摆脱持续存在的压力，卸下日复一日承担的责任，发展出不受空间限制的商业模式。

想要实现这两点并不容易。如果下一个岔路口就在面前，那很容易就能转变商业模式。但是我需要的是放手一搏。那时我为当地公司提供的还是传统的营销咨询服务，我与这些公司或直接联系，或通过引荐人联系。

若是沿着现有的道路继续前进，那我将很难转变商业模式，很难让精英客户成为我的服务对象。我需要做出改变，吸引我不认识的人来关注我。我需要重塑自我，改变我的市场定位。

为了了解如何重塑自我，我采访了几十位经验丰富的创业者，询问他们是如何成功更换了工作或职业，以及是如何改变了人们对他们的看法的。2013 年，我总结了这些采访，出版了第一本书《深潜：10 步重塑你的个人品牌》(*Reinventing You*)，介绍个人品牌建设和业务模式转变的最佳案例，并回答了"**如何做出重大转变，为期望的工作做好市场定位？**"这个问题。这本书就是一份指南，帮助创业者向着期望的方向转变。

在进入你所期望的领域后，还有一个问题需要解决：**如何在这个领域做到最好，使他人认可你的专业能力？**

我在第二本书《脱颖而出》（*Stand Out*）中试图解决这个问题。我采访了许多世界级顶尖专家，比如塞斯·高汀（Seth Godin）、戴维·艾伦（David Allen）、罗伯特·西奥迪尼（Robert Cialdini）和汤姆·彼得斯（Tom Peters），试图了解如何形成具有突破性的想法，还有如何培养粉丝群体。在《脱颖而出》中，我为普通创业者构建了一幅蓝图，他们可以遵循同样的方法，让他人看到自己的才能。

然而，我很快就发现，成为公认的专家也不一定能赚到很多钱。在大多数情况下，即使创业者在领域内地位极高，也不一定能获得与地位相符的收入。如何通过专长赚钱与如何在工作中表现出众或在所处领域获得声望所需的策略不同（这两点非常重要，我在《深潜：10 步重塑你的个人品牌》和《脱颖而出》中进行了深入的讨论，但仅仅解决这两点不足以带来丰厚的收入）。

所以我把《深潜：10 步重塑你的个人品牌》《脱颖而出》和《激活副业：个人多元创收的 N 种方法》（*Entrepreneurial You*）看作三部曲，《激活副业：个人多元创收的 N 种方法》作为三部曲的最后一本书，总结了整个系列的逻辑和本质。《激活副业：个人多元创收的 N 种方法》试图解决最重要的问题：**如何发展持续稳定的业务，获得情感、智慧和财富方面的回馈？**

我希望更多有才能的人分享自己的观点，但前提是他们已经取得了持久、成功的事业。在《激活副业：个人多元创收的 N 种方法》这本书中，我分享了关于赚钱的观点、策略和最佳案例，希望尽可能帮助大家取得成功。

我努力实践我所总结的理论。我从本书提到的创业者和"投机者"身上学到了很多经验。撰写《激活副业：个人多元创收的 N 种方法》的那年是我迄今为止赚钱最多的一年，正是因为我实践了本书分享的赚钱技巧。那年，我的收入增加了 20 多万美元。我还会继续尝试新的赚钱策略和途径。成功的创业者应该一直在路上，不应该有停下来的时候。

我做出了改变，从而找到了我理想的工作状态。我现在住在纽约（如果我愿意的话，住在哪里都可以），经常去有意思的地方办公（我在飞往阿斯彭的飞机上写了这篇序言的初稿，又在从阿姆斯特丹回家的飞机上完成了终稿）。

我现在通过七种不同的来源获得收入，这样的业务模式并非突然形成的，而是我经过深思熟虑之后选择的。我希望，通过本书分享的那些特别成功的创业者的经验以及我的一些创业经历，你能明智地选择和塑造属于自己的收入模式和生活方式。那我们这就开始吧。

Entrepreneurial

.you

目　录

序言　撰写本书的原因

第一部分　建立个人品牌

第二部分　利用专长赚钱

第三部分　扩大你在网上的影响范围和影响力

第十章　创建数字产品和线上社群 165

第十一章　利用知识产权开展联盟营销和联合经营 184

Entrepreneurial
.you

第一部分

建立个人品牌

01

第一章

抓住机遇

我做到了。我从亚洲飞回来，坐在商务舱里伸着懒腰，喝着免费提供的含羞草鸡尾酒。在海外一所大学教书两周，我挣了 3.5 万美元。那段时间我顶着重感冒，每天教学 6 个小时，工作强度很大。不过这两周挣的钱很多，几乎相当于 2006 年以前我的全年工资——2006 年，我创业，成为营销战略顾问。

顺便说一下，在最近十年，我发现我很适合创业。在创业的第一年里，我为各种有意思的客户（比如谷歌（Google）、耶鲁大学和美国国家公园管理局）提供咨询服务，日子充实且有趣，收入高达六位数。之后，我就慢慢地、稳定地发展自己的业务，构建美好生活的蓝图。

下飞机后不久，我收到了一封电子邮件，这封邮件让我开始思考自己是否已做得足够好。这封电子邮件来自我的朋友约翰·科科伦（John Corcoran），他是旧金山湾区的律师和博客博主，过去几年间他一直在研究网络营销。他偶尔会把好文章连同相关内容发给邮件列表用户，我则很乐意收到这样的邮件。

那个月，科科伦推销了两门由知名网络营销达人讲授的线上课程。科科伦签约加入了联盟营销，只要有人通过他的博客购买课程（产品），他就能得到一笔佣金。联盟营销是一种双赢的营销模式，商家（广告主）可以得到新顾客，营销人员（联盟会员）则不花费任何成本就能得到收益。上飞机前，我给他发了一封电子邮件，询问课程销售情况。下飞机后，就收到了上一段提到的那封电子邮件。

在电子邮件中，他回复道："上个月，我发了五六封电子邮件，以及一篇博客文章、一个视频，最终引流了 32 位顾客，挣了 2.8 万美元。如果再加上其他博客和播客的相关收入，可能上个月我仅通过博客就挣了 3.3 万～ 3.4 万美元。"

看到这里，我目瞪口呆。接着，我又看到，"而且，我上个月的工作时间和前几个月是一样的"。

我一直以为网络营销等同于骗局，其相关邮件类似于充斥着诈骗信息和打折壮阳药广告的垃圾邮件。那些邮件中往往写着"上网就能赚钱"，其声音仿佛就要冲出屏幕。收到这类邮件时，我会点击"删除"，彻底屏蔽相关信息。

但是，科科伦让我意识到我错过了一些重要的事情。网络营销不一定就是不正当或愚弄人的营销手段。其实，网络营销能给我带来一些益处，能使我的收入来源多元化，还能帮我减少资金风险。虽然我服务于各种各样的客户，而且已经身兼数职，比如咨询师、演讲师、高管教练和商学院教员，但其实我的收入来源还**不够多元化**。

大多数创业者都只有一两种收入来源，比如咨询和演讲，却总会忽视其他不用花时间就能赚钱的收入来源。拥有多种收入来源既可以让你赚得更多，也可以帮你减少风险。

其实，不只创业者可以这样做，全职工作者也可以这样做。即便全职工作者没有成为自由职业者的打算，也可以做兼职，这样既可以拥有额外的收入，又可以得到意想不到的职业发展机会。

兰尼·亚干（Lenny Achan）刚开始工作时是一名护士，后来晋升为美国纽约市西奈山医院的管理者。他之所以能晋升，主要是因为领导发现他在工作之余开发了一款应用程序——领导发现后，叫亚干去办公室，当时他很担心，担心自己在不知情的情况下违反了医院的条例，还担心领导怀疑自己在上班时间干私活儿。结果，领导反而赞赏了他的积极性和主动性，并提拔他管理医院的社交媒体账号，最后，他负责管理整个医院与外界的沟通事宜。

博兹·达尔[1]（Bozi Dar）也有相似的经历。达尔出生于塞尔维亚，现居美国，在一家《财富》（*Fortune*）500 强公司（一家生命科学公司）上班，职位是高级营销主管。他的工作可谓令人生羡，不过，他并没有满足于现状，后来着迷于创业的无限可能性。2013 年，他尝试开发一款应用程序，最终花了 4.5 万美元。这款应用程序并未盈利，不过他在开发过程中获得了有关营销、销售和经营战略的宝贵经验。2014 年，他换了一条商业赛道，在线教授如何才能在公司中获得晋升。

这个在线课程远比应用程序成功，仅上线第一年就使达尔获得了 2.5 万美元的收入。事实上，在日常工作中，他还发现了一些可以获得丰厚回报的机会。通过学习技术和数码方面的背景知识，他重塑了自我，抓住了这些机会，他认为这一举措很有意义。他认为自己是公司的"开拓者"，在公司内部积极创新。他认为，自己在拥有人才和资金优势的大型公司中作为高管工作多年，可以尝试那些普通创业者很难有机会去实践的想法。（如果想要了解更多关于达尔的故事，确定自己擅长的领域，可以翻看第二章末尾的专栏——"评估你擅长的领域"。）

无论是为自己还是为他人工作，我们都需要寻找方法使收入来源多元化，这样有助于降低风险，扩大影响力以及增加收入。

我之前写的书——《深潜：10 步重塑你的个人品牌》和《脱颖而出》，重点讲述如何打造个人品牌以及如何使个人专长获得市场认可。《激活副业：个人多元创收的 N 种方法》这本书不同于其他有关职业发展的图书，将教会你如何在不稳定的经济环境中挣钱，以及如何通过多种途径获得可持续的收入。

本书所介绍的创业者，许多来自营销、管理和传播领域。这些是我最熟悉的领域，也是变革职业道路和创新盈利策略的前沿阵地。此外，本书中有不少案例涉及食品、时尚和个人理财等领域。无论你处于哪个领域，都适用本书所分享的基本原则。希望无论你处于哪个领域，或从事哪种职业，读完本书都可以认清自己，并发现新的发展机会。请注意，在本书中，除非另有说明，否则案例均来自我的一手访谈资料。

本书中的不少案例，尤其是后几章的案例，主要与网络营销有关。我特意这样设计，这是因为网络营销并非人人都需要接触的领域。前几章的案例性质则较为相似，主要集中于咨询、培训和职业演讲等领域。

你会在本书中了解到许多与互联网技术相关的前沿阵地，比如播客、博客和网络社群。这些前沿阵地都是盈利的新途径，不少有天分的创业者却尚未探索或精通相关技巧。即便你还不准备涉足网络领域，也应该提前熟悉这些盈利途径，这样你在未来才能有更多选择。

无论你是专注于创业，还是从事全职或兼职的自由职业，抑或是打算在工作之余开展副业（甚至正计划辞掉工作），我希望本书都可以为你指明方向，帮助你在线上或线下的工作领域中利用专长获得收入。

总而言之，本书将会教你提高"复合型职业"的盈利潜力。

复合型职业的必要性

常识告诉我们，应该使投资组合多元化，因为把鸡蛋放在一个篮子里很危险。但是在其他方面，我们却不怎么留心多元化。我们中有太多人依赖单一收入来源维持生计，我曾经也是这样。

上面提及的在亚洲乘坐的那趟航班，对我来说至关重要。大约在乘坐那趟航班的 15 年前，我刚研究生毕业，在一家周报报社担任政治新闻记者。某个星期一的傍晚，人力资源总监叫我去他的办公室。我以为是因为公司变更了口腔保健计划，需要我去确认信息。结果是通知我被解雇了，需要立即办理离职手续，我成了报纸行业衰退的早期受害者。人力资源总监给了我一个箱子，让我收拾桌子，还给了我解雇金（相当于一周的工资）。我不知道接下来要怎么养活自己，我必须尽快找到工作。

第二天，也就是 2001 年 9 月 11 日的清晨，我醒来后就打开了电视。就在我准备开始找工作的这一天，"9·11"事件给美国带来了深远影响——飞机停飞，股票市场停止交易，绝对没人愿意雇用一个失业的记者。

就在那时，我开始明白依赖单一收入来源的不稳定性——这个收入来源可能随时被切断。失业后的几个月，我试着在新闻业找到一份工作，但是没有人雇用我。我只好做自由职业，勉强度日。收入最多的时候，可以一周挣到 800 美元，但更多时候，一周只能挣到 400 美元。后来，我找到了一份全职工作，在州长竞选活动中担任发言人。当时，我收入颇丰，每个月能挣 3000 美元。不过，后来我们在初选中失利，我也就丢了这份工作。之后，我又做了 6 个月的自由职业者。然后，我又在总统竞选活动中担任发言人，不过这次竞选也失败了。

我意识到，没有永远稳定的工作。我也意识到，如果我的工作不能为我提供"有保证的"工资，我会心生忧虑，认为这份工作的风险远大于机遇。但是，那个时候，我已经别无选择，只能不情愿地成为最早发展"复合型职业"的一员，同时从事多份自由职业。最终，凭着多种收入来源，我开始自己创业。

如今，在创业十多年后，我的看法发生了转变。现在我认为，单一收入来源所带来的风险更大。如果只依靠单一收入来源，你可能离祸患也就不远了。大多数人从小就听过的传统观念——"努力勤奋，找一个好工作，你就会得到回报"，在今天已不再适用。虽然人们仍然需要努力勤奋地工作，但是工作性质已经转变，人们在工作中的自主权更大，工作地点也更加灵活。职业生涯的内涵已经发生变化。

为什么会发生这样的变化？因为技术发展和经济全球化等因素在工作领域引发了巨大变化，并且会影响到未来。我在《波士顿周报》报社开始第一份工作时，以为自己一辈子都会当记者。那时是2000年，报纸行业的利润还十分可观，广告收入不断增加。当时网络微不足道，《波士顿周报》的新闻编辑室只有一台联网的计算机。就在报纸行业的衰退呈不可避免之势时，我加入了这个行业，但我当时并没有察觉到这个衰退的迹象。不过，我估计，没有人能准确预测某个行业的转折点。

近年来，技术不断发展，这导致许多曾经的巨头品牌不再辉煌甚至破产，比如电路城（Circuit City）、百视达（Blockbuster）和鲍德斯书店（Borders）。此外，技术不断发展还使得当今的工作机会少了许多。从1948年到2000年，工作机会增长率是人口增长率的1.7倍。[2] 但是从2000年到2014年，人口增长率是工作机会增长率的2.4倍。2016年，美国人的就业率处于40多年来的最低水平。[3] 全球范围内都存在就业竞争现象，而且就业竞争更加激烈。

工作任期缩短和员工流动率提升也逐渐成为常态。美国劳工统计局对 1 万人进行了超过 35 年的追踪调查后发现，在此期间，这些人平均每人从事过 11 份工作——对年轻人来说，这一数字很可能还在上升。[4]

此外，在美国职场中，越来越多的人渴望提高工作满意度。51% 的员工称自己在工作中"不投入"，17.5% 的员工称自己"怠工"。[5] 很显然，他们希望更多的需求得到满足——得到合理的收入（从某种程度上说，20 世纪 70 年代后的薪酬水平一直保持不变），同时获得个人成就感（其中一个方面就是保障自己的生活质量，许多员工认为自主工作可以保障生活质量）。[6]

一项针对自由职业者的调查显示，大多数受访者表示自由职业的主要益处在于生活和工作具有灵活性。50% 的受访者称，无论传统工作的薪酬水平如何，自己都不会再从事传统工作。[7] 如此看来，目前美国就业人员中有 34% 的人从事自由职业也就不足为奇了——财捷集团（Intuit）在一项研究中声称，到 2020 年，这一比例会上升到 40%。[8]

显然就当下的就业形势而言，即便你还不是创业者，也需要学习用创业者的思维来思考事情。即使你非常满意现在的工作，也可以像博兹·达尔一样，将创业当作职业生涯的保险措施。也许你可以在业余时间开个美食博客，或是为朋友和熟人提供个人教练或专业教练服务；也许你可以兼职做演讲员，或是为志同道合之人组织一场会议或活动——无论采取何种形式，增加收入来源总会有助于提高职业生涯、财务和生活的可控性。

现在我有七种完全不同的收入来源，分别是写作、演讲、在商学院教学、咨询、高管教练、线上教学以及通过发送邮件获得联盟营销的佣金（与我的朋友科科伦沟通后，我恍然大悟，开始尝试这种网络营销模式）。即使失去了其中一种收入来源，我也不会担忧，因为我还有其他收入来源——这与我 22 岁失业时的处境相去甚远，当时第二天醒来的时候，我都不知道该如何养活自己。

除了我，其他人也看到了收入来源多元化的重要性。亚历山德拉·列维特（Alexandra Levit）写过《方向不对，越努力越贫穷》（*They Don't Teach Corporate in College*）等 6 本书，她在一次访谈中告诉我："我在生活的方方面面都注重多元化。很多时候，本来自己认为发展态势良好，结果事与愿违，这令人很难接受……所以我总会尽可能地降低风险。通过多元化，我可以尽力避免希望落空，如果一件事没有成功，还有其他三件事可能会成功。我失败过太多次，有时甚至一败涂地，但即便在某件事上我失败了，我仍能不受太多影响。"

詹妮·布雷克（Jenny Blake）是职业和商业策划师，也是《最重要的往往是下一步》（*Pivot: The Only Move That Matters Is Your Next One*）的作者，她认为自己不同的收入来源有不同的作用。在职业生涯早期，她依靠一对一培训获得了稳定收入，她称这种收入为"支柱收入"。同时，她还通过职业演讲获得了收入。虽然演讲是她真正热爱的事情，但她只是偶尔收到演讲邀请，仅仅依靠演讲获得收入的风险比较大。她将两者结合起来，自认使"它们达到了平衡"，这使得她的收入来源组合更加稳健。

总之，"复合型职业"所带来的自主与自由并不与获得收入相矛盾。列维特、布雷克和许许多多其他人的经历已经证明，尝试复合型职业有助于大幅增加收入。至于如何增加收入，下面我将为你介绍。

你不必以自由换收入

互联网技术的发展是把双刃剑。互联网技术的发展导致大批人失业（比如，报纸行业的衰落导致不少人失业），但也为我们提供了更多机会，让我们得以实现独特的创业想法。当今，你可以用前所未有的方式努力发挥自己的技能和专长，从而选择自己想要的生活方式。

如果想要住在海滩上，你可以选择不受空间限制的工作。如果想要搭建一个强大的平台并获得国际认可，你可以借助技术比以往更容易地实现这一目标。如果想花更多时间陪孩子，你可以向许多成功的创业者学习，他们就是通过互联网实现了这一点。最重要的是，对以上这些工作而言，获得收入与自主自由并不矛盾。

然而，当今时代，我们不仅需要发挥技术的魔力，挖掘创业的全部经济潜力，还需要思维灵活，从多种途径将想法转换为收益。正如互联网理论家大卫（道格）·塞尔斯（David "Doc" Searls）所言，我们需要从**通过**某种东西赚钱（比如，当记者时，我通过写文章赚钱）转变到**借助**某种东西赚钱（比如，我借助写文章获取演讲机会，最终获得的收入往往更多）。[9]

约翰·李·杜马斯（John Lee Dumas）是美国陆军退伍军人，

曾在伊拉克服役，他在创业时就表现出了这种灵活的思维。杜马斯退伍后，做了几份传统工作，但都不太成功。他尝试在公司融资领域、科技创业公司和房地产领域工作，但都没能长久。失业期间，他喜欢上了收听播客，后来决定自己创作播客作品。他把自己的播客节目命名为"创业烈火"（Entrepreneur on Fire），并对常见的播客推送模式做出了重要改进。大多数播客节目每周推送一次，有时频率更低。杜马斯认为，如果每天都能为听众推送有价值的作品，可能会带来不一样的结果。

杜马斯组建了一个由虚拟助理组成的小团队，辅助自己创作。他每周会花一天的时间连续录制七个访谈节目，当作那一周的作品素材。一天一个作品的更新频率为杜马斯的账号带来了流量，增加了下载量，这使他吸引了广告商的注意力，从而增加了收入。仅仅一年后，他就赢得了"iTunes 最佳"这一荣誉，这进一步巩固了他的口碑。

每个月他都会公布一份收入报告，内容包括收入金额与来源。通过不同的途径，包括广告、线上课程以及他自己所创建的"播客天堂"（Podcasters' Paradise）会员制线上社群，杜马斯每个月都可以获得丰厚收入。对不少自由职业者来说，如果他们年收入与杜马斯的月收入相等，他们就会心满意足。2013 年 12 月以来，杜马斯每月的收入至少为六位数，有时 30 天的收入接近 60 万美元。

一开始我以为杜马斯的成功是个例，但是，当我开始调查不受空间限制的线上创业者时，我发现并不是这样的。明尼苏达州的一对夫妇，比约克（Bjork）和琳赛·奥斯特罗姆（Lindsay Ostrom）开设了美食博客"缕缕飘香"（Pinch of Yum），通过广告、文章赞助和电子书销售等途径，他们的月收入经常远超 5 万美元。

需要注意的是，那些创业者的成功并非一蹴而就。我花了十多年构建自己的商业版图，书中介绍的大部分创业者也用了很长时间才取得成功。那些承诺能快速致富的话并不可靠，真正的营销需要长时间的布局与努力。

要想通过多种途径使收入最大化，首先需要广泛思考如何满足他人的需求。接下来，选择几种途径重点关注。千万不要把所有可能的途径都作为重点，那样只会让你无法专注。探索一些有别于传统的途径，这样你才能实现突破性发展。无论选择何种途径，专注与执行至关重要。

互联网时代赚钱指南

创业成功的路上有太多令人眼花缭乱的干扰物——创业者夸夸其谈，只分享自己的成功故事。但是，当我潜心探索扩大业务范围、增加收入来源的方法时，我想获得不加修饰的真相。

我决定利用自己在记者生涯中培养的能力，与这些新一代自主创业的成功者，一同深入研究真正有效的创业策略，以及如何将这些策略与个人实际情况相结合。在这一过程中，我还会分享个人经历，包括如何通过咨询和演讲获得六位数的收入，以及如何从头开始学习挖掘互联网赚钱潜力的方法。我将追溯其中的关键事件，其中有些令人欣喜，比如仅仅发送了一封电子邮件，我就收到了一张

365 美元的佣金支票，那是我收到的第一张支票；也有些令人沮丧，比如我第一次尝试在线课程并不尽如人意，在摸清门道后才挽回了损失。

通过本书，我们将共同学习什么策略有效，什么策略无效，以及如何以明智、道德、最高效的方式构建发展快、多元化的商业模式。事实证明，以下三个步骤能为持续盈利构建坚实基础：建立个人品牌，利用专长赚钱，扩大你在网上的影响范围和影响力。

通过本章的介绍，我们已经初步了解了持续盈利的第一个步骤是"建立个人品牌"。第二章将继续讲解这个步骤，深入探讨"建立个人品牌"的方法，为树立可信赖的口碑提供指导，从而帮助你在竞争激烈的商业环境中脱颖而出。熟悉了前两章后，你将在本书的第二部分（第三章至第八章）学习如何"利用专长赚钱"。换句话说，在传统的、面对面的服务（比如咨询服务）中，如何发挥专长获得收入。

本书第三部分（第九章至第十二章）的第九章至第十一章，以"扩大你在网上的影响范围和影响力"为主题，讲述如何在想尽办法建立品牌并发挥专长之后，利用互联网以及其他途径扩大个人影响力。最后，第十二章会告诉你，当创业生涯发展到一定阶段时，需要考虑增加助理或雇员，以便最大限度地提升生活质量，发展与个人理想和生活方式相契合的工作模式。

此外，你会在书中看到"试一试"小专栏，辅助你思考如何将书中提及的概念应用于自己的生活和工作。

你还会发现，对创业者而言，没有所谓"正确"的赚钱途径可遵循。有些人可能为某些途径所吸引，比如培训或写博客；有些人可能会选择其他途径，比如主题演讲或创建在线会员社区。无论怎样，最重要的是明白多样化对降低风险的积极作用。选择并发展一些特定的途径，有助于你和新的服务对象产生联系，以不同方式与人接触，通过多种途径实现价值。

有了合适的收入途径，你可以在新的复合型职业中快速发展，从而有机会过上向往的生活，在工作领域真正受到尊重，并获得足以改变生活的收入。下一章你将学到建立个人品牌的一个关键因素：与目标市场或受众建立信任。

第二章

建立信任

在 2008 年，经济大衰退最严峻的时刻，帕特·弗林（Pat Flynn）被一家建筑公司解雇。失业的几个月前，他一时兴起，开始销售一本讲解如何通过能源与环境设计先锋（LEED）考试的电子书。如果可以通过这门考试，则证明该考生掌握了设计环保建筑的相关知识。结果，这本电子书的销量出奇地好。弗林突然失业，还有几个月就要举办婚礼，这个时候，他开始思考自己是否能在网上获得收入。

他告诉我，当他开始研究网络营销时，"我觉得有些反感，因为那些教授网络营销的人在电子邮件的另一端。我感觉他们对我没有百分之百的真诚，总是想让我继续付钱以获得全部信息"。他购买了一部分课程，想看看自己还需要补充什么知识，结果大失所望。弗林说："那些课程内容无非就是'点下按钮，立马变富'或者'一周就能挣 1000 美元'，根据我的经验，这些内容完全是骗人的。"

弗林最开始遇到的销售员并不真诚，这让他决心和他的受众分享自己知道的一切，不向付费客户隐瞒最重要的内容。如今，他在博客和播客领域已经卓有成就，每个月的收入远超 10 万美元（仅在 2017 年 3 月，他的月收入就超过了 25 万美元）。弗林形容自己是"网络营销的试验品"，向受众详细地展示自己的成败。他开创了公开月收入报告的流行趋势，详细地展示了自己的收入和支出，因为"向人们展示收入，才能证明自己的网络营销方法确实有效"。

弗林对受众的真诚收获了他们极大的信任。他推出了第一个产品《能源与环境设计先锋考试学习指南》，这本指南易于阅读，还随书附赠了他早前在网上免费分享的学习材料。推出这款产品后，他对粉丝展开调查，发现"大约 25% 的受访者其实已经通过了考试，他们想要感谢弗林分享的那些信息，而这本书正好提供了一个付费机会"。

通过最开始的网上购物经历，弗林发现有些销售人员巧舌如簧、过度承诺。他们声称之后会揭示"特殊、秘密的技巧"，这样的方式最开始可能会奏效，但最终会付出代价。顾客会立马远离这些产品，并且不会回购。与之相对的，是一些专业人士，他们能力出众、工作勤奋，可以为顾客提供真材实料。但是他们不易吸引到顾客，因为其潜在顾客的注意力往往会被其他的营销手段夺走。

为了像弗林那样，保证事业持续发展、有利可图，我们需要在这两个极端（不提供实质内容的营销鬼才和不懂营销但提供实质内容的专业人士）之间开辟一条道路。我们需要找到与受众建立信任的方式，让他们愿意接受我们的产品。（如果你仍在寻找自己可以分享的知识或技巧，请查看本章末尾的专栏"评估你擅长的领域"。）

接下来，我们将深入探讨与受众建立信任关系的一些关键方法。比如，创作有价值的在线内容；写书；建立人际网络，获得社会认同；与受众保持联系；扩充邮件列表。

创作有价值的在线内容

首先，我们可以创作有价值的在线内容，展示专业知识，让人们亲眼看到我们的专业性。弗林录制好播客后，发布在自己的网站智能被动收入（Smart Passive Income）上，不过你也可以借助大家已经知晓或信任的网站生产内容，加快与受众建立信任的进程。

我曾经运用过这个方法。2010 年，凭借我在新闻业和政界的短期任职，以及运营小型非营利自行车倡导组织的经验，我开始为《赫芬顿邮报》（*Huffington Post*）和《哈佛商业评论》（*Harvard Business Review*）撰写与营销、品牌相关的博客文章。这段经历为我的简历增色不少。正如常春藤盟校的学位一样，我的博客文章撰写经历让读者更信任我，因为我已经通过了他们认可的机构的审查和检验。也就是说，在这个快节奏的社会，这段经历成了一条捷径，使人们不必耗费心力自行评估我的优势。随着时间的推移，我撰写的博客文章越来越多。到 2017 年，我已经为《哈佛商业评论》撰写了 120 多篇博客文章。当人们开始将你和这些机构联系起来的时候，你与品牌的联系就更加稳固了。

开始为你所在行业的知名机构撰写博客文章看似需要迈出艰难的一步，但媒体机构无时无刻不在寻找着高质量内容。当然，在敲开《哈佛商业评论》的大门前，我不得不忍受杂志和博客编辑一次又一次的拒绝。所以，坚持和努力是十分重要的。

在 2011 年年底，我决定提高内容生产的频率，并且再找一个可以投稿的商业机构。我用了整整两个工作日的时间，整理了一份有 20 多个商业媒体的清单，包括杂志网站、地方性和全国性报纸、电视网，然后把这些媒体的名称输入电子表格中。针对每一家媒体，我都会确定其网站上是否有博客，其博客是否有外部撰稿者（如果所有博客均为内部员工撰写，那这个机构就被排除在外），还有是否有网站编辑的姓名和电子邮件地址。有时需要搜索很长时间，不过通过谷歌和领英（Linkedln）以及网站导航和投稿指南，我一般都能找到所需信息。

我给每位网站编辑都发送了电子邮件，简短地介绍了自己，还有我想要投稿的原因，我可以撰写的内容以及以往文章的链接，以便他们可以评估我的写作风格。虽然我在邮件中没有说明我愿意免费撰稿，但是我已经做好了这样的心理准备——最初的撰稿没有稿费（如果最开始就能获得稿费，那我将喜出望外）。你也最好有这样的心理准备。你需要逐渐建立个人品牌，在这个过程中不要太过注重收入。在这二十多封电子邮件中，只有三封得到了回复。对一名前职业记者来说，这样的回复率并不令人满意。不过面对新兴经济，我只能慢慢来。

这三封邮件中，有两封很快就无果而终。我再次发送邮件，或是尝试预约一次电话交流，但他们不再回复。不过，我费尽千辛万苦找到的一个人——《福布斯》（Forbes）的总编辑，他正在积极寻找新的撰稿人。几天内，我们通了一次电话。通完电话的两周内，我就在《福布斯》网站上发表了第一篇文章。最终，我在三年半的时间内，为《福布斯》撰写了 250 多篇文章，也就是每个月撰写 5 到 10 篇文章。通过频繁地为《福布斯》撰稿，我挣了一小笔钱。不过挣钱只是附带的益处，真正的价值在于显著提高了我的知名度，以及在网站受众中的曝光度。

试一试

当你考虑创作内容时，可以问问自己：

√ 你的目标受众经常阅读、观看或收听哪些媒体？

√ 这些媒体中有哪些接受外部投稿？

√ 你能针对这些媒体的风格和重点，列出 3 ~ 5 个它们感兴趣的文章主题吗？

√ 你知道谁向这些媒体投稿了吗？这些人愿意推荐你吗？

√ 在接下来的一周，给至少三家媒体写邮件，简要介绍自己的优势，并提供过往撰写的文章作为参考。

写书

写书也可以巩固个人品牌，使自己与受众建立信任的关系。不过，不同于"守门人"时代，写书已不再是巩固个人品牌的必经之路了。比如，约翰·李·杜马斯就通过播客收获了一大批关注者，这给他带来了丰厚的收益。

不过，如果你确实喜欢写作，写书仍然是展示专业知识、吸引新的受众和建立个人声望的最有效工具之一。在职业生涯的任何阶段，写书都能给你带来价值。在职业生涯的早期，当他人怀疑你的专业能力时，写书就更加重要了。丹·斯柯伯尔（Dan Schawbel）是一位顾问和创业者，他在 23 岁的时候写了第一本书《Me2.0：个人品牌崛起 E 时代》（*Me 2.0*），两年后出版了这本书。他告诉我："拥有一本自己写的书，就好像表明'我可能和其他同龄人不同'，也许我可以多得到一些机会。"

如今，自行出版已不再是什么丢人的事，反而成了许多作者（包括弗林）的理想选择。如果写得好，电子书也能成为有力的营销工具。不过到目前为止，通过传统方式出版书籍仍然是建立个人声望的最佳选择。

多年来，我常在当地活动中做免费演讲，以推广我的咨询业务。演讲反响很好，但听众却不多，更没人付钱请我演讲。然而，2013 年我出版了第一本书《深潜：10 步重塑你的个人品牌》后，一切都发生了变化。突然之间，活动组织方改变了对我的态度。现在，我是一位值得邀请的专业人士，而非等待邀请的普通顾问。

我一直想要出版一本书，也尝试过出版书籍。但是，之前我的"个人品牌"还不够有影响力（也就是说我还不够出名），出版请求均被拒绝。为了破局，我开始写博客。在此过程中，我收获了一些有价值的发现：内容创作不仅是建立个人品牌的手段，也是市场调研的方式，可以揭示出受众最感兴趣的内容。

当我为《哈佛商业评论》撰写文章《如何重塑个人品牌》（*How to Reinvent Your Personal Brand*）时，并没想过这篇文章会成为我的代表作。之前，我已为个人博客或其他媒体撰写过几十篇文章。在我看来，这篇文章与之前的文章并无不同，也没有更特别。结果这篇文章广受欢迎，《哈佛商业评论》的编辑还问我是否愿意把文章扩充到 2500 个单词。在扩充文章后，三家文稿代理商开始主动联系我。就在那时，我意识到自己无意间摸对了门路。

结果证明，职业重塑这个话题比我之前推测的话题更受欢迎，《深潜：10 步重塑你的个人品牌》也比我之前推销的书销量更好。这本书是千禧一代的职场指南，也通过案例为企业主管讲解沟通技巧。如果不是写了那篇文章，亲眼看到读者的反应，那我将无从得知读者对此类话题的高昂兴致，也无法验证关于话题受欢迎度的假设。

试一试

如果你想要写一本书，可以考虑以下关键问题和想法：

√ 确定你想要自行出版还是商业出版。如果你是为特定受众写作（比如，告知房地产中介如何在社交媒体上营销），或者想要尽快出版（按照传统方式出版需要至少 1 ~ 2 年的时间），或者既想要对所写的书有更多的控制权也想要更多的收入，那么你可以选择自行出版。如果你想要建立声望（通过一家大型出版机构的挑选和审查流程，证明自己的水平），并且想要专心写作、着力推广书籍（出版机构会负责设计、发行和国外版权等事宜），那么你应该选择商业出版。

✓ 你的哪些博客文章、播客或视频特别受欢迎？通过回答这一问题，你可能会发现受众感兴趣的新兴趋势或书籍主题。

✓ 确定可行的书籍主题后，列出存在竞争关系的书籍信息。即便你打算自行出版（如果是自行出版，就不需要提交书籍出版申请），也需要了解涉及这个主题的图书的情况，清楚竞争对手的情况。你的竞争对手选择了什么角度？你的角度会有什么不同之处或独特之处？

✓ 如果你打算选择商业出版，那你需要阅读竞争作品的致谢部分——作者一般都会在这个部分感谢代理商（如果想通过大型出版机构发行书籍，你需要代理商的帮助）。这样，你就可以发现哪些代理商更擅长推销此类书籍。做完这些事情后，你就能确定该把出版申请交给哪些代理商。

✓ 为你的书籍列出一个粗略的大纲。最终的写作可以与这个大纲有出入，列出大纲只是为了确定你是否有足够的素材或想法去创作。首先，假设你的书有十章。那么你每一章想要涵盖什么内容？尝试为每一章至少写一段文字，概括内容。如果写不够一段，你可能需要继续思考，或者选择写一本简短的电子书。如果你要写的内容过多，可能是你选择的主题太宽泛（类似于"西方文明史"），此时你可以考虑更加聚焦的主题。

✓ 完成上述步骤后，开始制订你的书籍营销计划。怎么才能把书籍推销出去？是否可以采用一些特殊的方法（比如，通过某个顾客的关系，向该顾客的公司销售 500 本书；或者为了使他人购买大批书籍，你愿意提供多次免费演讲）？哪些媒体渠道最为重要？明确你想出现在哪些博客、杂志或播客中。之后，积极关注这些渠道，看看它们推荐的书籍和你的是否相似（如果相似，那你的书就有机会被这些渠道宣传）。看看它们是否介绍过你认识的同行（如果介绍过，你就可以请求这些同行帮你引荐）。

√ 现在，如果你准备选择商业出版，你应该准备去写出版申请了；如果你准备选择自行出版，你应该去潜心撰写第一章了。希望你能顺顺利利！

建立人际网络，获得社会认同

心理学中，有一个概念叫"社会认同"。社会认同是指他人会根据与你有关联的人或物来评价你，这已相沿成习。如果你为《哈佛商业评论》或《福布斯》撰稿，人们会把对这些刊物的印象迁移于你，更有可能认为你有能力或有权威。你的人际网络也会影响他人对你的印象。通过建立人际网络，与你尊重的人交往，与相似领域的人交往，将有助于建立个人声望。

2012 年，塞琳娜·素（Selena Soo）在纽约开展宣传策划的业务，不久后，她就体悟到了社会认同的现象。她意识到，在该行业已有声望的人的博客上发表客座文章，或者在他们的播客中露面，会使个人知名度显著提升，也会促使人们通过电子邮件订阅她的动态，效果比付费广告好得多。素说，人们可能会被脸书（Facebook）广告触动，但如果他们不熟悉你，那就会持有怀疑态度。不过，如果你得到他们信任之人的认可，他们的态度就会大不相同。"如果《创业烈火》的创作者约翰·李·杜马斯和你一同出现在播客上，杜马斯说'大家伙儿，快来看看素，她太了不起了'，这会带来意想不到的效果。"

她补充道："我发现通过这些线上宣传途径获得的受众更加忠诚，而通过付费广告获得的受众的忠诚度只有前者的 50%。通过第一种方式获得的受众，其退订电子邮件的可能性更小，购买意向更强烈。"这一现象是有道理的：这些受众所信任的人认可了你，那么他们对你的初始信任水平就会较高。

德里克·哈尔彭（Derek Halpern）也通过人际网络获得了社会认同。2006 年，他创办了一个名人八卦网，很快就受到了不少人的关注。第二年，网站年访问人数将近 4000 万人，他的月收入高达2 万美元。不过他很快就厌烦了宣传炒作名人花边消息，最终关停了这一网站。2011 年 3 月，他创建了一个自己更感兴趣的网站牵线搭桥（Social Triggers），该网站专注于市场营销和心理学。可是他在这两个领域完全是无名小卒，他必须找到吸引受众的方法。

在建立人际网络和寻求社会认同时，还有一个原则同样重要——**先为他人提供价值**。哈尔彭牢记着这一原则。他总结了经营八卦网站时积累的网络营销经验，联系了著名的商业类博主，比如帕特·弗林和克里斯·布洛根（Chris Brogan），这些博主在哈尔彭想要入驻的领域已是大名鼎鼎。

"如果我想要接触某个博主的受众，我会先找到这位博主，然后告诉他，如果你不想失去一些'将网站访问者转化为订阅者'的机会，我正好可以帮忙。"之后，哈尔彭会与博主视频通话 15 分钟，提供免费的网站营销建议。"我告诉他们可以录屏。如果我的建议有效，我会请他们上传录屏。"本质上他是在提供免费咨询服务，但是他获得了接触那些博主的广大受众的机会。

这些博主和他们的受众都很喜欢哈尔彭的视频。他告诉我："如果你看过这些视频，你会发现我有一些好的想法，而且几乎在每个视频都反复提及这些想法。大多数人有了好想法后，只会说一次，之后再也不谈论这个想法。而我不同，我会在 20 个视频中都谈论这个想法。"哈尔彭立即被标榜为专家，因为人们发现哈尔彭不仅与那些知名人士有来往，而且知名人士倾听并遵从他的建议。三个月内，1 万多人订阅了哈尔彭的电子邮件，绝大部分人都是通过这些视频转化为他的受众的。他告诉我："我到现在还因为这些视频获益，它们到现在还在给我带来流量。"

试一试

如果想要获得社会认同，提高个人声望，你可以思考以下几个问题：

✓ 你可以利用哪些形式的社会认同（比如，与知名企业、教育机构、会员组织、媒体或个人建立联系）？

　　√ 你可以与哪些名人建立联系，从而获得最大收益？

　　√ 你拥有的哪些技能或资源能帮到该行业更知名的人？

与受众保持联系

　　向受众介绍自己，并与受众初步建立联系之后，你还需要与他们保持联系，并加深他们对你的信任。在政界，有句话叫"说七遍你的名字，选民才能记住你"。在商界也是如此，要想与受众保持联系，就要保持自己在网上的曝光率。

　　虽然社交媒体是宣传个人品牌的重要途径，也确实能帮你扩大受众，偶尔甚至会让你的理念迅速走红，但是，把社交媒体作为与受众沟通的主要途径可能并不是明智之举。2013 年，脸书决定调整信息推送的算法，这对某些主要依靠脸书营销的用户来说是毁灭性的打击，因为这意味着花费大量时间和金钱以增加点赞数，其内容却并不一定能推送至目标受众的面前。

　　商业内幕（Business Insider）上一篇文章的标题说明了一切——"脸书微调了平台的运作方式，却颠覆了整个行业"。[1]这篇文章提到的正是社交媒体营销人员突然意识到通过私营企业与受众保持联系存在风险，因为这些企业还受制于风险投资者或股东。网络营销专家丹尼·沙利文（Danny Sullivan）发现，不只脸书调整了运作方式，推特（Twitter）也调整了运作方式。沙利文的推特账号有将近40 万的粉丝，而只有 1.3% ～ 2.6% 的粉丝收到了他的文章推送。[2]

如果社交媒体都不是接触受众的好途径，那什么才是呢？在本书采访的近 50 位专家和意见领袖中，绝大多数人都认为"老派"的电子邮件倒是个不错的选择。

如果人们太忙了，他们可能连续几天都不看社交媒体账号，不过大多数职场人士肯定会查看电子邮箱，因为这里是他们接收最重要信息的地方。即使是高层领导，他们通常也不会忘记让助理代为管理电子邮箱。许多主管把电子邮箱称为"控制台"，通过"控制台"，他们能够监控业务的走向。

但过多的电子邮件确实会给人造成压力。2015 年的一项研究表明，电子邮箱用户每人平均每天收发多达 122 封电子邮件。[3] 所以，如果有人主动给你他们的邮箱账号，这一定说明他们信任你，也表明他们可能会花时间阅读你发送的邮件。但是，不要在没有得到对方允许的情况下，将其加入你的邮件发送列表。这样做不仅不礼貌，而且还可能违反了反垃圾邮件法。

试一试

如果你在探索如何与受众加深联系，请记住以下几点：

✓ 盘点你的邮件列表。你是否有电子邮件列表？如果有，请确保邮件列表中的这些用户是主动加入的。如果他们并非出于主动，请将这些用户移出邮件列表。你可以给所有的联系人发一封邮件，询问他们是否想要加入你的邮件列表，让他们主动选择是否接收更多邮件。你也需要告诉他们，如果他们选择不再接收邮件，你将不再发送。

✓ 重新分配你的时间。你每周为了业务花多长时间使用社交媒
　体？ 1 小时、2 小时，还是 5 小时？你应该重新划分优先级，
　分出至少 30% 的时间来扩充邮件列表，这会带给你无法估量
　的好处。（我们之后会深入讨论划分优先级的具体方法。）

扩充邮件列表

在我的第一本书《深潜：10 步重塑你的个人品牌》发行的时候，
我明白了扩充邮件列表的重要性。在那之前，我对这一点并不上心。
当然，人们要求加入我的邮件列表时，我会收下他们的名片，添加
上他们的电子邮件地址。有时，我也会在我的文章末尾附上一个链
接，引导人们通过电子邮件订阅我的动态。然而更多时候，我让他
们通过我的推特账号或某个链接线上购买我推荐的书。那时的我满
足于"提升个人知名度"，但是这样做犯了致命的错误——当我想要
通知读者我的第一本书已出版时，我无从主动联系他们。

想想看，在报纸上读到有趣的书的书评，或者在收音机里听到
某本书的相关介绍后，你有多少次会记得买这本书？你对这本书很
感兴趣，并且想要购买它，但是这个想法往往转瞬即逝。不过也有
例外，那就是，你此时正在书店，而这本书恰巧就在眼前。

2015 年，在即将出版第二本书《脱颖而出》时，我决心做得比
以前更好。当时我的邮件列表中有 9500 个订阅者，这个数量比较
可观，不过如果我再努力一点，这个数字还会更大。最开始，我意

识到想要吸引人们通过电子邮件订阅我的动态，我需要找个好的理由。"订阅我的电子邮件吧！"这样的话语并没有说服力。人们经常会收到很多类似的邀请，大多数的说辞太过陈腐，或者过度推销，或者兼而有之。一个明智的人不会无缘无故地订阅这样的邮件。要想吸引读者，我需要用一些他们认为有意思或有价值的说辞。

我说服了出版商，借用一位平面设计师 1 ～ 2 个小时，以便根据我的书设计一份 42 页的精美 PDF 手册。实际上，设计这本手册只用了半个小时。我收集了《脱颖而出》每章末尾的问题，把这些问题放在手册中，并在问题后留出空间方便读者写下自己的答案。这本手册设计简单，而读者又十分受用，简直是绝佳的赠品。

在此书出版之后的几个月内，我为各种博客写了几十篇客座文章，在最后的个人介绍部分，我总是推销这本手册。我还做了 160 多次播客采访，特意将观众引导至专门的页面，方便他们输入电子邮件地址以下载手册，并加入我的邮件列表。通过这种方法，在不到一年的时间里，通过电子邮件订阅我的动态的用户数量增长了 150%。

通过为读者提供真正有价值的内容，我的邮件列表用户增加了两倍多。2015 年 2 月，我的订阅用户为 9500 人；到了 2015 年年底，订阅用户数量增加至 25 000 人。这意味着我的名字以及我所从事的工作被更多的人知道，而且我可以通过邮件和快讯轻松地联系到他们。

免费手册是赠品的理想选择之一，你也可以选择其他东西作为赠品，比如网络研讨会或课程系列的视频链接，小贴士，教授如何在几天或几周内做成某事的电子邮件"速成课"，通过文字或图片案例帮助人们解决某个问题的"宝典"（比如如何联系名人或者如何进行一次成功的销售实践），与原始文章有关的引申文章或电子书。

试一试

如果想要受众主动通过电子邮件订阅你的动态，你可以思考以下几个问题：

- √ 人们经常向你咨询什么样的知识或信息（任何知识或信息都行，比如如何精进乒乓球球技，如何谈判以获得更多的薪资）？
- √ 如何通过这些知识或信息（价值精华）获得潜在受众的联系方式？又该采取何种形式（手册、系列视频、小贴士、资源指南、宝典等）？
- √ 如何宣传"价值精华"（将其植入播客作品，写一篇详细介绍的文章，发布脸书广告等）？

创建"价值精华"以扩充邮件列表是成功的第一步，那么如何确保人们一开始就能找到它呢？我在播客采访中提到了免费手册，除此之外，在撰写的文章和播客末尾的个人介绍处，我也附上了免费手册的链接。

这个策略为我带来了回报，但是在克里斯·温菲尔德（Chris Winfield）面前，我的策略相形见绌。通过一篇爆款博客文章，1.5万人订阅了他的电子邮件——他在媒介（Medium）网站上发表了文章《如何在 16.7 小时内完成 40 小时的工作量》（*How to Work 40 Hours in 16.7*）（也转载到了其他平台），这令他快速走红。某些创业者可能认为，这篇文章不会再引起另一波浪潮。但是，温菲尔德在这篇长文的末尾贴上了"拓展阅读"的链接，承诺点击可以查阅更多信息。

他在这篇文章中写道："想要查看更多信息吗？准备好每周节省 23.3 个小时，并且完成更多工作了吗？我已经猜到了你的回答……我会让你轻轻松松就知道诀窍。"然后，他插入了一张图片，点击图片即可跳转到一份 32 页的免费指南，那里面详细地讲解了事倍功半的诀窍，还列出了表格、工具和资源。那份免费指南，完全就是针对那些对该话题感兴趣，并阅读完他这篇有 2000 个单词的长文的读者。温菲尔德仅仅凭借这一篇文章就吸引了 1.5 万名订阅者。

无独有偶，除了温菲尔德，还有人通过博客来吸引电子邮件订阅者。其中詹姆斯·克利尔（James Clear）扩充邮件列表的案例最令人印象深刻。克利尔是一名博客作者，专注于写作可以改善生理和心理状态的习惯的文章。2012 年底，他开始经营博客，一周发布两篇文章。两年内，他的订阅用户增至 10 万人。到 2017 年 4 月，订阅用户超过了 40 万人。

克利尔的成功取决于四个策略：保持发布频率、有所侧重、标题出众和联动传播。

保持发布频率

克利尔认为只有保持发布频率这个策略，可以解释粉丝数为何飚升。他回忆起推出自己的个人网站时，他十分欣赏一位健康类博主："他写的文章有科学依据，文章质量很高，读者也很爱看。当时，他的粉丝数是我的 5 倍。现在，我的是他的 20 倍。这一变化并非由于文章的质量，因为他的文章质量依旧很高。唯一不同的是，我从 2012 年 11 月 12 日开始，每周一和周四发布文章，而他没有固定的发布时间。"

这个策略让他获得了两个优势。第一，他表示，"你创作的每一篇文章都有可能提升个人网站在谷歌搜索中的排名，从而增加网站流量。人们看到后有可能在社交媒体上分享，也可能通过电子邮件发送给朋友。"这些意味着曝光率的增加。第二，他认为，每月至少写 8 篇文章，其中的某篇就有可能引起读者的强烈共鸣。他说："文章内容质量高，营销策略才会更有效。我们常常觉得自己需要一个更好的策略，或是一个更好的战术，但实际上我们真正需要的是创作出好的内容。"克利尔的高频创作，使他有更多机会萌生出好想法。⊖

有所侧重

当受众访问你的网站，阅读你的博客时，如果选择太多，他们只会目不暇接，从而感到困惑。克利尔告诉我："我希望每个页面只有一个明确的操作，而不是让受众感到困惑。'点击这里购买书籍，

⊖ 保持发布频率是个有效的策略，但即使是创作达人也很难保证固定的产出。为了花更多时间创作第一本书，2015 年克利尔做出了一个战略性的决定：降低发布频率。

点击这里订阅电子邮件，关注我的推特账号，关注我的脸书账号，阅读文章'，受众一般会看到这 5 个操作指引。如果同时有五件事要做，受众有可能什么都不做，因为他们会纠结于哪个是最重要的操作。"所以克利尔的网站只有一个操作指引：订阅电子邮件以获取讲述如何改变习惯的免费电子书。进行这个操作后，受众便会加入他的邮件列表。对克利尔来说，最重要的就是让受众订阅电子邮件，所以他没有添加侧边栏或其他会分散受众注意力的东西。

标题出众

为了扩充邮件列表，需要注重博客文章标题，因为标题是读者最先看到的部分。温菲尔德发现，花费大量时间打磨一个出众的标题是十分值得的。

温菲尔德绞尽脑汁，他想为那篇精心写就的关于工作效率的文章取个简明的标题。在这篇文章中，他推荐了番茄工作法[⊖]——专注工作 25 分钟，然后休息 5 分钟养精蓄锐，重复这个过程 1 ～ 4 次，然后休息 15 分钟。

最开始，温菲尔德觉得 "40 分钟番茄工作法" 这个标题很合适。看到这个题目，人们会联想到蒂莫西·费里斯（Timothy Ferriss）广受欢迎的效率管理书《每周工作 4 小时》(The 4-Hour Workweek)。之后，他意识到 "这个题目不切实际，因为大多数人不知道什么是番茄工作法"。他继续思考。

⊖　弗朗西斯科·西里洛（Francesco Cirillo）发明了这个工作方法，他使用番茄形状的计时器，因此这个方法得名 "番茄工作法"。

从根本上说，这篇文章是关于"如何做到事倍功半"的。这个话题很吸引人，人们之前可能就听过，不过一直持怀疑态度。他意识到，一个精确的数字可能让这篇文章与众不同。最后，他把标题定为"如何在 16.7 小时内完成 40 小时的工作量"，之后这篇文章迅速走红。

联动传播

克利尔总是先把文章放到个人网站上。但是，他并未止步于此。目前，他与《创业者》(*Entrepreneur*)、生命黑客（Lifehacker）、商业内幕和《福布斯》等媒体的网站签订了合作协议。如果这些网站认为读者会对他的某篇文章感兴趣，可以转载该文章。通过文章底部的个人介绍部分，读者可以跳转到他的个人主页，然后可以通过电子邮件订阅他的动态。如果你刚开始写文章，有可能没法吸引顶级媒体的注意。但是，这也不是你刚开始尝试时就需要担心的事情。

最开始，你可以在领英和媒介等开放网站转载自己的文章。有了一定的写作经验后，你可以与其他博主建立联系，他们会很乐意与读者分享你的文章。再过一段时间，随着你的粉丝越来越多，你的经验也越来越丰富，主动联系你的媒体可能会越来越有名。当时，《创业者》的一位编辑在推特上给我发信息，告诉我他一直在关注我为其他媒体写的文章，问我是否考虑为《创业者》写作，于是我接受了他的邀请。在你获得更多经验后，为知名媒体撰稿，会提高你的曝光率，扩充你的邮件列表。

扩充邮件列表，为读者提供他感兴趣的内容，与值得信任的同行和同事为伍——这些都是建立信任和个人品牌的重要策略。当然，最终的目标是将受众转化为付费客户，这样你的业务才能可持续地发展。不过这种转变（从提供免费内容到收取费用）充满了挑战。如果想要长期取得成功，你需要找到可靠的获利方法，同时做到为客户提供真正的价值。我将在下一章讨论这个问题。

试一试

如果你打算通过内容营销扩充自己的邮件列表，你可以思考以下几点：

- √ 你是否有固定的发布时间？无论是写博客还是制作视频、播客作品（后面章节我们会谈论创作这些内容的技巧），你都应该有一个固定的发布时间，比如"每周一次"或是"每周二和周四发布"，这样你的受众才会有所期待。
- √ 检查你的网站和个人介绍。你是否引导受众进行多个操作（比如"订阅我的油管（YouTube）频道""关注我的推特账号""在领英上私信我"）？精简操作指引，只写出最重要的引导语，比如通过电子邮件订阅我的动态。
- √ 分析你发布的作品的标题。哪些作品的浏览量最高，标题是什么？是否可以总结出规律？人们可能对哪些词或短语更感兴趣？受众喜欢长标题还是短标题？他们对列表类文章（比如《4 个方法提升你的营销能力》）的反响如何？思考这些问题，并适时调整。

评估你擅长的领域

对一些成熟的创业者而言，他们肯定已经清楚自己需要专注于哪些创业领域，但是对其他人而言，方向并不清晰。你可能有许许多多的兴趣，或者你是个通才，可你知道自己该侧重哪一方面吗？如果你确定了方向，第一步该做什么呢？博兹·达尔是生命科学方向的营销专家，他还经营着一项在线业务，对此，他提供了一些建议。

不要盲目相信自己的想法。达尔的第一个产品是音乐相册，通过观看私人照片，聆听配乐，帮助人们调节心情。这个产品的构思不错，最后却失败了。他认为："我盲目相信自己的想法，却没有测试这个应用是否满足了消费者的需求，没有明确受众定位，也不确定是否有人在寻找解决方案。我只是盲目自信，然后开始投入金钱和时间，结果就失败了。"当提出一个巧妙的想法时，你应该首先确保人们确实需要通过它来解决问题。

弄清自己的哪些独特经验值得分享。达尔在线职业课程的成功来自别人不断地问他问题。他回忆道："我渐入佳境，能力不断提升。"他的朋友和同事注意到了这一点，他自己后来也意识到了，"我发现总有人邀请我参加茶话会以及辅导会"。他意识到自己的观点很有价值，也许受众会为此付费。

不要急于辞掉工作。有些人对自己的创业计划满怀激情，迫不及待地想要辞掉工作，好投身于创业。达尔不赞同这种做法。他建议人们至少也要在公司再工作一年。他说："如果是我，我会待在公司，同时验证我的商业模式的设想。会出现什么问题？人们在寻找解决方法吗？受众是谁？……离职之前，我会努力找到这些问题的答案。最后，我会验证是否有人愿意为我提供的内容付费，也就是验证我的想法的可行性。"

提升个人能力。许多受雇于公司的人，即使很有才华，在创业之初也可能准备不够充分。所以，达尔建议人们在还在公司的时候，要集中精力培养各方面的创业能力。我也是这么做的。2005 年，我决定开始自主创业，不过我在公司多待了一年。在这一年中，我参加了职业发展课程（公司付费的课程），学习了财务管理、设计和商业策略等方面的必要知识。达尔建议，可以利用离职前的时间提升一些基础能力，比如销售能力、口头演讲能力、说服力和文案写作能力。他说："购买课程、加入社团、找一个商业教练都是提升能力的有效途径。"

玛丽·弗里奥（Marie Forleo）是一位人生导师，为奥普拉·温弗瑞（Oprah Winfrey）所赞赏。弗里奥现在经营的业务能给她带来八位数的收入，早年她曾为提升个人能力投入巨资。[1]她说："我不想费力讨好客户，所以我在酒吧工作，还做了其他兼职，这使我维持在纽约的生活，还使我有钱投资个人事业、学习营销学知识。"[2]

一次只把一个途径作为重点。最后，当你准备好创业时，很快就会发现自己能做的事情太多了。达尔建议，一次只把一个途径作为重点，这样才能真正熟悉这个途径，并由此延伸至其他途径。他就是这么做的。他的"职场快速成长法则"（Career Acceleration Formula）这门课程，只通过一个途径（网络研讨会）进行营销，网络研讨会则借助一种机制（联盟合作）开展。他认为，有所侧重"才能打下坚实基础，然后才能引流到其他途径或产品"。脸书广告或者搜索引擎营销可能吸引受众，但是就目前而言，你无力顾及这么多的途径。你需要有所侧重，在某一途径做到优秀，然后牵线搭桥，将受众引至其他途径。

① Nathan Chan, " FPO33: Marie Forleo Reveals How to Build an 8 Figure Business with Heart, " *Foundr*, March 5, 2015, https://foundrmag.com/fp033-marie-forleo-reveals-how-to-build-an-8-figure-business-with-heart/.

② Marie Forleo, " The Rich, Happy & Hot Entrepreneur Blueprint, " https://www.tonyrobbins.com/pdfs/Marie%20Forleo%20MM%20Workbook.pdf.

Entrepreneurial
.you

第二部分

利用专长赚钱

第三章

在赚钱路上保持勇气

在赚钱路上保持勇气的确很难。如果没人想买你的产品怎么办？如果人们抱怨你定价过高怎么办？如果有人认为从免费到收费是一种背叛怎么办？这些情况都值得考虑，未来也很可能会发生。但是，你要知道，如果不能开展业务，你就不能用有见地的建议，或者出色的产品、服务帮助他人。只有基于个人价值收取费用，你才能创造所渴望的长期影响力。

我们将在本章讨论如何通过你的业务赚钱。首先，你要明确自己能提供的价值，对自己有信心；其次，关注真正有用的策略；再次，克服一些常见的阻碍；最后，在时间等方面保持适当平衡。

明确自己能提供的价值

首先你要明确自己能给他人提供怎样的价值。一旦清楚了这一点，你会心安理得地向他人收取适当的甚至更高的费用。

2006 年，我开始从事咨询服务，之后不久，我与一位潜在客户会面。在与她交谈的一小时里，我针对她的组织问了一些尖锐的问题，并提供了几个可行的解决方案。就在快要搞定这次业务的时候，她直言：你收多少钱？

我根本没想到她会问这个问题。

我一直希望能避开这个问题，我本来希望她出个价格，或者慢慢暗示她按照"咨询标准价格"（不过我也不知道那是多少）付费。总之，我想了很多，但就是没有考虑我的报价。我不知道如何回答。

我快速思考了一番，然后喃喃地说道，"60 美元一小时"。这个价格比我的针灸师的收费低了一点，我想如果我能接受这个价格，她肯定也能。她极其迅速地答应了这个报价，这时候我才意识到我犯了个严重的错误。我不应该把价格定得这么低。

在接下来的几年中，我一路跌跌撞撞，接受了一些小任务，报酬低得可怜。比如说，写一篇演讲稿，得到 500 美元；或者写几份传单文案，得到 250 美元。不过我在数量上弥补了这一点。创业的前几年，我与 80 多位客户合作过，虽然报酬出奇地低，但我还是挣到了六位数的收入。不过我没有止步于此。

之后，我开始一点一点地提高我的报价，以及工作水平。基于之前的经验，我不再费心去接 500 美元的业务。但我还是做了大量的 2500 美元和 5000 美元的咨询服务，这些服务耗费了我几周或几个月的时间。

创业初期，你几乎愿意做任何事情来积累经验，结识可以帮你引荐的客户。慢慢地，随着服务水平的提升，你会提高报价，这会使你逐渐失去早期的"低端客户"。想到这里，你可能有些纠结，有些不舍。

然而你不能纠结，不能一直忙于低投入产出比的业务，你需要做些更有意义的事，比如提升业务层次——做这样的事是必不可少的，因为唯有这样，你才能保证个人品牌屹立不倒。

截至撰写本书之时，客户请我开展为期半天的策划讨论会，我的收费是 6000 美元。与我早期创业时的收费标准相比，这笔费用十分高昂。之所以提出这个报价，第一，是因为我清楚自己能带来的价值；第二，是为了建立个人品牌，以吸引目标受众（我把那些愿意与我合作，并能接受高价的客户当作目标客户）；第三，是因为我有足够的自信，并且不会改变价格。

几年前，作家凯文·克鲁泽（Kevin Kruse）想要邀请一个人发表演讲，令他意想不到的是，他在寻找演讲者的过程中明白了我们应该正确看待个人价值。当时，克鲁泽经营着一家非营利性质的生命科学协会，他的任务是组织年度会议。他回忆道，"委员会十分希望能有一位创造力方面的专家来发表主题演讲"。虽然协会可以为这位演讲者提供 3 万美元的预算，但克鲁泽不确定是否能请到这位专家，因为这位专家是《纽约时报》（*New York Times*）的热门作家，拥有常青藤联盟学校的博士学位，在媒体上影响力很大。

但是在克鲁泽拨通电话后，这位专家报出的价格却极低：只要3000美元。克鲁泽说，"从外界看，他已经十分成功，也有极高的声誉，我们很乐意支付他要价的十倍"。这令克鲁泽不禁去想，这位专家如此低的报价是否会让很多人认为他缺乏演讲经验，进而打消合作的想法。

这位专家可能只是不清楚自己的水平所对应的市场价格，也有可能是他缺乏信心，从而无法正确评估个人价值。

大家可以想想看：如果我们认为某件事简单，通常会认为这件事对别人来说也简单。杰森·范·奥登（Jason Van Orden）经营着广受欢迎的播客，以及在线培训项目"网络商业精进"（Internet Business Mastery），他发现了这一点。比方说，如果你是一名高尔夫教练，你肯定知道正确的握杆方式。范·奥登说，如果你把这一方式教给他人，你可能就帮了他们。"他们可能苦恼了几个月，都搞不懂正确的握杆方式。但是你可以把这个方式总结成要点，变成三节课，方便他们掌握。"

出于两个关键原因，我更有信心提高价格。第一，我不断地提高个人技能和声誉。当开始为《赫芬顿邮报》和《哈佛商业评论》撰写博客文章时，我就知道，即使我提高价格，它们也能接受，因为它们认为我的专业性较强。第二，我更清楚他人的收费标准，这样我就能确保我的报价没有脱离主流，我也能在这个范围内恰当地提高价格。所以说，你应该与所在领域的专业人士建立联系，通过交流，你可以确保你没有低估自己的价值。

创业者在初期一般都会面临"如何自信地基于个人价值收取费

用"的问题。不管怎样，你应该想尽一切办法克服这一障碍。你可以聘请私人教练，寻求导师的帮助，或者加入智囊团（mastermind group）或专业协会，来培养更好的市场报价意识。

关注真正有用的策略

在社交媒体上发帖有助于传播信息，也可以获得社会认同，给潜在的出版商留下深刻印象。不过我们也发现，通过社交媒体吸引受众十分具有挑战性。你在与受众的互动中没有主动权，永远无法得知是否真的有人看了你的帖子。但是很多人把在社交媒体上发帖当作品牌建设的灵丹妙药。比如娜塔莉·西森（Natalie Sisson），她现在是一名成功的网络创业者，每年收入超过 25 万美元。但是每当她回想起自己早年曾错误地高估了社交媒体的作用，总是后悔莫及。

十多年前，当西森刚开始创业时，她着迷于新兴的社交媒体。她说："当时我没有商业模式，也没有收入。我每天花 8 小时和人们在网上聊天、参加论坛、浏览博客、评论博客以及做那些其他人常做的事情。我反复做这些事情。其实，我本想分出更多精力，用于扩充邮件列表，以及创作内容。"

西森明白，每天活跃于网络，可能会让你以为自己正在做正确的事，但是这可能不足以维持你的生计。在网站上发帖，吸引关注者，博取好感，这些当然都很重要，但是有些其他的事情也很重要。《最重要的往往是下一步》的作者詹妮·布雷克根据是否能直接产生收入来区分创收活动。她发现，许多新创业者会将过多的时间投入于建立个人网站、增加推特粉丝、设计电子邮件页面或者设计个人特色标志。

她表示，"做这些事情都很有用，不过不够直接"。换言之，这些事情看似有价值，而且它们的价值可能在今后愈发明显，但是在当下无法快速转化为收入。

《创智赢家：快速创业》(*Shark Tank: Jump Start Your Business*)（电视节目《创智赢家》(*Shark Tank*) 的官方推荐书）的作者迈克尔·帕里什·杜德尔（Michael Parrish DuDell）认为，以上体现的是长期考虑和短期考虑的区别，也可以称作"心智份额扩张"和"市场份额扩张"的区别。前者（诸如出现在媒体上的活动）有助于建立他的长期声誉。虽然出现在福克斯新闻频道（Fox News）或 CNN 上，不可能立马为他带来客户，但是出现在这种主流电视台上，可以提升他的信誉。另外，通过"市场份额扩张"，可以保障他的业务有资金支持。他说："通过咨询服务等工作，我可能挣了很多钱，但是除了客户外，其他人都看不到我的工作。"若想逐渐取得成功，两种扩张方式都必不可少。

试一试

如果你想发现真正适合你的策略，可以思考以下问题：

√ 你每周或每天花多长时间在社交媒体上？你希望获得什么回报？如何量化这种回报？这种回报值得吗？

✓ 你想如何扩张自己的"心智份额"和"市场份额"？分别列
出相应的策略。你如何分配你的时间？这样分配合理、平
衡吗？

克服阻碍

当创业到了一定阶段，有些创业者可能会犹豫是否要向受众收
费，因为他们害怕如果收费的话，受众会反感。的确，如果人们习
惯于免费获取好处，一旦你开始让他们付费，他们很可能不乐意。
安德鲁·华纳（Andrew Warner）就经历过这样的事情。作为成功的
创业者，华纳和他的兄弟花费数百万美元创建了在线贺卡业务。他
回忆道，"我当时以为自己所向披靡"。他谋划着下一个创业计划，
打算进军在线邀请业务，自信满满地认为会取得更大的成功，但是
事与愿违。他说："我在这个想法上花了数十万美元，最终它却泡
汤了。"

为了寻找失败的原因，他决定向其他创业者请教。"我想尽可
能地从其他创业者身上学习创业经验，避免重蹈覆辙。"他用 Skype
录下了这些他与其他创业者的访谈的视频。2008 年，他推出了
Mixergy 视频播客网站，上传了这些访谈视频。几年来，访客可以
免费观看这些访谈视频。但是，华纳在这个业务上花了太多时间，
还请了人帮他剪辑视频、排练访谈。最终，他决定向受众收取每月
25 美元的观看费用。

开始收取费用后，他收到了一些反馈。他回忆道，"人们公开发帖说我不该收费，还有人私信问我'为什么要收费'"。这些话语刺痛了他。"我很伤心，觉得他们其实没那么喜欢我。"但是，只有收取费用，他才能继续投入时间以建设网站，现在这个网站已经收录了 1200 多个访谈视频。他说："如果你做的事情很重要，即使有人因此讨厌你、和你有分歧，也不代表你做的事情是错的。"

试一试

请思考以下几点，为赚钱做好心理准备：

√ 明确与他人共同工作的成本。是否有录制或剪辑费用？是否有网站托管费？你的时间成本是多少？重要的是了解你已经投入的费用，这样才能知道何时达到了收支平衡，以及何时开始盈利。

√ 思考各种定价模式。是否可以在为忠实粉丝提供独家付费内容的同时，也能继续为付不起钱的受众提供免费内容？

√ 做好接受批评的准备。你肯定会收到一些负面评价，不过不用把这种个别现象放在心上。但是如果 90% 的受众都持反对态度，你可能需要重新考虑。如果只是两三个粗鲁的批评，就尽量把它们抛之脑后。

保持适当平衡

在建立关系和信任之前就向受众收费，注定要失败。不过拖延太久也是下策。把握时机很重要。范·奥登已经培训了 7000 多名网络创业者，他认为："很多人等待太久才向受众销售产品。我们不会那样做，我们会让培训者尽快从创作的内容中获利。即使只是一次销售，但是从挣到第一笔 5 美元、10 美元、100 美元开始……他们的信心就会飙升。"

迈出销售的第一步会很难为情，非常尴尬。不过这是必经之路。《所谓会带人，就是会提问》（*The Coaching Habit*）的作者，迈克尔·邦吉·斯坦尼尔（Michael Bungay Stanier）经营着一家成功的培训公司。他回忆自己的早期经历："当我开始从事教练服务时，我做了很多无偿工作，只为多积累经验。当时我每个月打四次电话为客户提供服务，一次一小时，一共只收取 200 美元。"很快，他感到精疲力竭，决定提高费用。

"首先要练习报价的技巧。"通过练习，才能轻松地报价。"有人曾对我说，你的报价应该是'在你觉得合适的价格的基础上加 10%'。我很喜欢这个说法，这就是说，你认为'价格定在 1000 美元比较合适？那报价时不如再加 10%，也就是 1100 美元'。对着镜子把这个报价技巧练习 20 遍。或许你会觉得这种做法很傻，但这样练习后，你真的能更轻松地报价了。"

詹妮·布雷克赞同斯坦尼尔的观点。你可能需要获得收入，但报价不能不切实际，否则会带来负面效果。你可以逐渐、稳定地加价，直到你认为你得到了自己应得的收入。她说："我有个客户直到现在一个月也只支付 500 美元，因为我们已合作多年，一直遵循之前的协议。但是下次你向其他客户报价时，可以是 850 美元。再下次，可以是 1000 美元。"如果客户开始反对加价，你就应该停止加价或者降低价格。如果你找到了其他收入来源，或者通过其他方式提高了声誉（找到一位大牌客户，或者开始为知名媒体撰稿），你可以再次考虑加价。

即使受众不多，也有挣钱的方法。范·奥登说："如果你的邮件列表用户有 100 个人，你也可以向这些人推销。调查这些人，并找到挣钱的方法。其实只要有一个理想的客户，你就能挣到钱。如果你的邮件列表用户有 1000 个人，而你什么也没推销，那你真的白白浪费了一个挣钱的机会。"

范·奥登说，明确自己的目标受众后，向他们提供他们所需要的产品或服务。"如果你的邮件列表用户有 3000 个人，你又有针对性地进行推销，那你没有理由通过知识和想法还挣不到 10 万美元甚至更多。"

就我而言，我等了很久才开始使收入来源多元化，并通过邮件列表挣钱。多年来，我几乎完全专注于建立个人品牌（通过写博客文章、免费演讲和写书）以及企业临时工作（咨询以及后来的付费讲座）。通过这些途径，我的日子过得还不错。

直到我开始看重扩充邮件列表，增加受众，我才确切地意识到自己放弃了一笔可观的收入。2015 年，我开始和受众分享来自营销联盟的信息，我额外赚了 2 万美元。这笔钱还算配得上我全年分享的那些信息和举办的网络研讨会。2016 年，仅通过邮件列表，我的收入就超过了六位数。

当然，挣钱也要提前做好准备，信任是必不可少的要素。你需要向受众展示自己的知识素养，并将你与受众的关系置于任何潜在的经济利益之前。

不过范·奥登说得也对。太多创业者，包括我自己，对销售一事太过谨慎。由于害怕受众反对，或担心他人质疑我们的信誉，我们迟迟不开始收费服务。如果换个角度考虑，你会发现这样做是对受众的一种伤害。你不仅剥夺了受众获得可以帮助他们的工具或服务的机会，也失去了建立可持续发展的业务的机会。

一旦有了将专业知识转化为收入的勇气，你就会思考如何通过提供教练或咨询服务，来提高声望、增加收入。至于这一点，我们将在下一章讨论。

试一试

如果你想制订更具体的收费计划，可以思考以下几点：

√ 你所在领域其他人的收费标准是多少？如果你不知道，可以在网上搜索，还可以问问朋友和同行。如果不知道收费区间，你就无法为自己公平地定价。

√ 根据你的知识和技能，你对自己的定位是什么？是希望增加客户、积累经验的初创者？还是需要增加收入来源的专业人士？了解市场后，你可以根据你想在市场上创建的个人品牌为自己定价。

√ 与朋友模拟报价，或者对着镜子练习。只有相信自己有价值，你才能说服他人接受你的报价。

第四章

成为教练或顾问

许多互联网百万富翁的故事已是家喻户晓，相比之下，实地教练或咨询服务可能略显老套。即使你最终想把阵地转移到互联网上，我也还是建议你先从传统咨询服务（通常意味着面对面咨询）开始，这样你才能了解受众的需求，验证你的建议是否有效。传统咨询服务可以是为一位主管提供一对一服务，帮人发展领导技能，帮忙制订公司的社交媒体运营计划，为公司实施新的人力资源政策提供建议，也可以是其他你擅长的领域。

如果你刚开始创业，那么教练或咨询服务是不错的副业，可以带来可观的收入。开展这两项服务几乎没有成本，还能立马带来收入。你不需要支出额外的费用，只需要有栖身之所和一台笔记本电脑。你可以把教练或咨询服务作为实验，用以检验和完善你的想法，以便进行推广。你可以从中获得更多知识，还能培养一批忠诚的支持者，帮助扩大你的知名度。更重要的是，你可以直接看到你的影响力，为有需要的人提供实际的帮助。

本章我们将讨论如何发展初期业务并使他人知晓你的工作，快速扩展人际网络，做出实质性贡献，扩大业务范围，提供体系化策略，提供高端产品，开放知识产品的授权。

发展初期业务

当《创智赢家：快速创业》的作者迈克尔·帕里什·杜德尔推出咨询服务时，他不确定自己能否成功。他的工作重点一直是内容创作，他还未销售过任何东西，也不确定自己是否有这个能力。他为自己设定了一个艰难的目标：如果 30 天内连一笔交易都无法做成，那就停止这项业务。他回忆道："没有再来一次，没有重试一次。做不到我就不创业了，从此为他人工作。我的创业故事也就此打住。"

杜德尔知道，要想成长就要承受压力，还需要保持专注。"每天醒来，我只有一个想法，就是'今天一定要达成交易，一定要达成'。到了第一个月的月底，我已经完成了三笔大单。我还记得完成第一笔交易时的场景……打电话时我必须保持冷静，因为不能显得不专业。放下电话的那一刻，我就坐在那里想：我刚刚完成了一笔 2.5 万美元的交易。"

当然，这些交易并不是凭空完成的。杜德尔摸索了很久才找到这些客户，这还意味着他要做一些初创者惧怕的事情——服务收费。

他说："我联系了我的受众，告诉他们我能提供什么。这很有挑战性。仅仅是陈述自己的工作内容就让我感觉不自在。"初创者可能还不确定自己的技能或重点关注的领域，他们也不想在朋友和同事面前丢脸。但是，这就是创业必经的第一步。

杜德尔说，咨询是"起点最低的创业项目，完成起来也不费力。它是创业途中一个小小的证明，让我确认自己有能力创业。它不需要任何资金，也不需要付出任何巨大的代价。风险不大，同时可以验证我的模式是否有效，是否可以继续拓展我的业务"。

当我开始咨询服务时，我也利用了之前形成的人际网络。创业几乎都是这样的，你的第一笔交易几乎总是和已有的人际网络中的人完成的。因为那些人喜欢你，信任你，即使你没有做过咨询服务，他们也愿意与你合作。

回首过去，我也应该像杜德尔那样，从已有的人际网络中挑选出潜在客户，给他们打电话，或发送电子邮件，请求与他们见面，看看我能怎样帮助他们。但是即使我没有精心策划，只是给我的邮件列表用户群发电子邮件，告诉他们我要独自创业，我也在两个月内与几个大客户达成了交易。

这些大客户都是我之前的同事，他们现在工作于耶鲁大学、美国国家公园管理局等，掌握着招聘的权力。为这些客户提供咨询服务，我能很快得到社会认同。

试一试

如果你想快速开展咨询业务（或者咨询副业），请思考以下问题：

√ 你是否单独联系了所有朋友和同事，而非群发邮件，告诉他
们你准备开展咨询业务，并询问身边是否有人需要你的服
务？如果没有，现在就去联系他们。

√ 回忆过去与你共事的人（他们可能已经跳槽到了新公司），或
者原来的同事，或者大学、研究生阶段、运动队、专业协
会的熟人。谁可以为你提供工作机会？从小做起，然后慢慢
扩张。

扩展人际网络

杜德尔利用了已有的人际网络。但是，如果你无法在已有的人
际网络中找到工作机会呢？一种解决方法是请朋友（或者朋友的朋
友）介绍。但是这样会耗费更多时间，因为你还需要与新认识的人
建立联系。你几乎无法像杜德尔那样，在一个月内就完成第一笔交
易。不过随着时间的推移，你可以从新关系中找到机会。

你需要明确自己想结识哪种人，这样你的朋友才能有针对性地
推荐合适的人选。比如，你可以说："我希望有一天能为谷歌提供咨
询服务。你认识在那儿工作的人吗？可以介绍给我吗？"或者，你
可以明确职位，"你身边有人是人力资源副总吗？我希望认识他们"。

最后，你也可以在领英上寻找机会。你可以搜寻你朋友的好
友，查看其中是否有你想结识的某个人。但是，人们不一定和领英

上的好友关系紧密，所以你需要做好心理准备，因为你的朋友可能会表示不太了解这个人，或者根本不认识这个人。当然如果你的朋友和那个人很亲近，那他很可能愿意为你牵线搭桥。

刚搬到多伦多的时候，《所谓会带人，就是会提问》的作者迈克尔·邦吉·斯坦尼尔几乎不认识任何人。于是，他向朋友寻求帮助。梅丽莎认识林赛，林赛认识大卫，大卫认识南希，南希是当地一家银行的人力资源经理。经过层层介绍，邦吉·斯坦尼尔邀请南希参加他的一场研讨会。他回忆道，午餐时，"她把我拉到一旁，说'太棒了。你知道吗，我本来要和别的公司签合同了，但现在我决定邀请你做我们的教练。你能在明天前给我一份合同吗……给你 10 万美元的话，可以开发票吗？'"这次机会验证了四度分离理论，但更重要的是邦吉·斯坦尼尔和南希之间建立了无价的关系。

如果没有朋友或领英好友能帮助你发展业务呢？如果是这样，你可以发表免费演讲，即使在不太可能的地方也可以提供免费的演讲。

托德·赫尔曼（Todd Herman）在加拿大西部长大，热爱体育运动。他是一所高中足球队的志愿教练，经常和学生谈心，教他们如何克服心理障碍，做"心灵的主人"。他的教学方法很受欢迎，所以学生的父母开始请他给孩子做一对一辅导。他很喜欢这项工作。为了增加客户，他给当地的青少年体育协会打电话，询问是否需要他发表演讲。他会告诉体育协会："我可以来发表免费演讲，不过你们需要满足我一个要求，那就是每个孩子必须有一名家长在场。"因为他知道，孩子的家长才是他真正的客户。

他会明确表示希望大家推荐他做演讲："如果你们家还有孩子没听到我的演讲，或者你们认识其他的协会或团队，可以告诉我，我很乐意再安排一次。"演讲完全免费，所以极具吸引力。他记得自己在 90 天内做了 68 次演讲。

这些演讲是他青少年教练业务的主要营销手段。意想不到的是，这些演讲还带来了另一个机会：为成年人提供同样的服务。赫尔曼说："当时有个平时根本接触不到的人，一个非常有影响力的人——国家冰球联盟中一支主要球队的队长，他碰巧来这里陪他儿子踢球。之后，我便和他开始交谈。"

很快，赫尔曼开始辅导国家冰球联盟的运动员，从此名声大噪，踏入了新的领域。这些著名的职业运动员四下谈论为他们做心理韧性辅导的教练，由此，他们社交圈的人开始了解到赫尔曼。

赫尔曼在青少年体育团体中发表的演讲不断带来令人意想不到的回报。他完成第二次演讲后，一个男人走过来说道："我非常喜欢你的观点，我完全可以想见这会对我的女儿有什么帮助。"他是一位加拿大政府的高级官员，当时与另一位官员有点不和。

这位高级官员告诉赫尔曼："他在整个团队中横行霸道，我们急需解决沟通问题和领导问题，还有文化方面的问题。你能帮助我们吗？"赫尔曼同意了，他的教练业务从此延伸出一个新的分支。加拿大政府是这个分支上的第一个客户，由此他很快就获得了广泛的社会认同。有了这些经历，他可以与其他知名组织开展合作。

和赫尔曼一样，创业初期，我为当地民间组织、商会和非营利孵化器等做了大量的免费演讲。我没有通过这些演讲得到任何报酬，我获得的是"曝光率"。如果有人订阅了我的电子邮件，我还会获得几个电子邮件地址。对经验丰富的演讲者而言，免费演讲不合身份，但是在创业初期，这是建立信誉、提高知名度、与他人建立联系的关键途径。如果你能通过一小时的免费演讲，收获价值数万美元的咨询机会，那就是值得的。

在第五章，我们将讨论发展付费演讲业务的策略。但是作为新人，免费演讲是推销教练或咨询服务的一个理想方式，也是积累舞台经验的绝佳机会，以便之后你可以心安理得地获得相称的收入。

试一试

如果你想扩展人际网络，请思考以下问题：

√ 你是否联系过朋友和同事，询问他们是否认识你的目标城市或行业中的人？看看他们是否愿意向你的目标客户介绍你。

√ 你愿意在哪些非营利组织、民间组织或专业协会演讲？整理出一份名单。如果听众本身不是你的潜在客户，你需要想办法通过这些听众与潜在客户建立联系（比如，赫尔曼要求家长出席演讲）。本周内至少联系三家组织。

做出实质性贡献

当然，一旦你成为一家组织的顾问或教练，你需要贡献出独特的见解。正因为有创新，他人才会认为你的收费合理。不过有时候，表达独特的或相反的观点需要勇气。经理培训师艾丽莎·科恩（Alisa Cohn）说："在我职业生涯的早期，如果我有独特的想法，我不会表达出来。"

有一次，甲公司接管了乙公司，而科恩的客户需要经营乙公司。科恩说："很明显，他被安排在一个没有前途的岗位上，但是所有人都只说应酬话'还好啦'，他自己也这么说。但是我认为那样不行，事情不会变好。我希望我当时的观点更明确、更有力。"

在这次经历中，她收获了一些经验。现在，"率直"成了她教练服务的基石之一。她认为"循循善诱"（通过提问探究事实和客户的观点）和"主动建议"（基于自身知识和经验，积极分享观点）有显著差异。优秀的教练会平衡"循循善诱"和"主动建议"。平衡好这两者的关系，你就能为客户提供有价值的服务，实现"物有所值"。

音乐家或作家需要一段时间才能找到自己的"声音"，顾问和教练也是如此。最开始，你可能不清楚你的方法有何特别之处。随着时间的推移、经验的丰富（你可以为"小白鼠"客户提供免费服务，并与他们结为朋友），你会开始明白什么使你与众不同。和科恩一样，我也发现，压制自己的观点，谨慎行事，对客户并没有益处。可能正是因为组织内有太多唯唯诺诺的附和者，他们才开始寻求外部帮助，想从不同的视角看问题。

有一次，我为一位知名高管提供了大约一年半的咨询服务。当时，我们的咨询服务到了关键时刻，他需要选择一项行动方案，但他不想做出决定。会面时我向他施压。在之后给他发的消息中，我的态度更加强硬：如果这次不做决定，那就意味着前功尽弃。我出于关心，态度很坚决。结果，后来给他发送的电子邮件，他都没有回复。我本来以为再也不会收到他的来信。可是，四个月后，他邀请我再次合作。

从我决定那么做时起，我就做好了他会毁约的心理准备，因为我如此强烈地反对那些我认为会对他不利的行为。有些客户可能因此而终止交易。不过明智的客户清楚，他们最需要的是有人愿意不计后果地告诉他们真相。作为顾问，我的工作不是取悦客户，而是帮助他们，这样的使命更加崇高。

实际上，随着咨询和教练经验的增长，我感觉到真诚、放松、表达真实感受让我更自在，而试着遵从某种咨询规范反倒让我受到约束。结果，我意外地发现，客户更喜欢与真诚的顾问合作。

在这个社会中，太多人不敢偏离安全区域。对明智的客户而言，如果你说话做事不拐弯抹角，甚至愿意提出不同或不受欢迎的观点，他们反而会感激你。

扩大业务范围

一旦你开始开展咨询或教练服务，推荐有时会悄然而至，就像那些职业冰球运动员把赫尔曼推荐给朋友和队友一样。不过，聪明的创业者也会主动出击，通过推荐或其他途径，从一个客户发展出多个客户。

科恩说："进入一家公司后，我会与这家公司不同的人交谈，同时也会尊重他们的保密原则。只有了解这家公司不同级别的员工的想法，接触这家公司的文化，我才能更好地帮助他们。"这样，她就能为雇用她的高层领导提供更有见地的建议。

与公司中不同的人建立联系也是建立人际网络的有效方式，有助于扩大业务范围。科恩说："在我和他们熟悉并建立信任之后，他们会表示'我需要一些指导'，然后他们会主动请我培训。这证明，在更大的团队中，我也极具价值。这也是我在公司内扩大业务范围的一种途径。此外，我还会请各位总裁推荐我。"

你还可以发展团体辅导业务，作为扩大业务范围的一种方式。当然，这不是第一步。第一步是逐渐积累客户，形成团体规模。如果你已经积累了一些经验，客户群也初具规模，你就可以考虑发展团体辅导业务，以获得更多收入。

迈克尔·波特（Michael Port）出版的第一本书是《磨炼自我》（*Book Yourself Solid*），这是一本为教练和顾问提供建议的成功手册。这本书在 2006 年成了畅销书，让波特突然收获了大批新粉丝。在此之前，他只专注于一对一的教练业务。仅该书出版当天，他的邮件列表里就多了 7000 人，这样的受众规模正适合开展团体辅导业务。

当时的网络功能还不完善，大多数人无法视频通话，所以最开始，他开展了一系列电话研讨会。这个项目为期三个月，每周开展一次研讨会，价格为 1200 美元，当时反响热烈。波特说："参加研讨会的人越来越多，从 50 个人增长到 70 个人，然后队伍不断壮大。"

他开始试验这种团体辅导的模式，将辅导时间延长至一年，价格为每人 8000 美元。在这一年中，每个月有几次电话培训，还有三次现场活动，每次活动为期三天。最初只有 40 名参与者，后来他提高了费用，提高到每年 1 万美元，然后增加到 1.2 万美元，每年依旧有 150 ~ 250 名学员参与。但是参与者认为交通费高昂，波特也表示，组织大型现场活动既费钱又有压力。

即使某个项目广受欢迎、有利可图，也需要定期反思，并探索更有意思、更令人满意的新模式。经过慎重思考，波特在 2015 年改革了团体辅导的模式。他取消了为期数日的现场活动，还削减了整个项目的费用。不再每月收取 1000 美元，而只收取 89 美元。每个月开展 9 次电话培训，1 次由他自己主持，其余 8 次均由他的同事主持。我采访他的时候，这个项目才刚启动，当时已有 500 名学员，他的计划是在年底达到 1000 名。

新的辅导项目带来的收入不如之前的项目。不过，项目才刚刚启动，慢慢地，低价会吸引更多的参与者，从而弥补这种收入差距。所以，在开展项目之前，需要认真考虑收入和规模之间的关系。波特说："当时（每人每年收取 1.2 万美元的时候）参与者不多，我挣得却很多，不过那不是我心中的理想情况。我希望更多人参与到这个项目中来，帮助更多的人。"

试一试

如果你想从现有客户中获得更多推荐，请思考以下问题：

√ 你是否明确表示希望获得推荐？如果没有，这周就去联系至少一名你认为可能性较大的客户，询问他是否有其他的人或组织需要你的帮助。

　　√ 考量你的现有客户，他们是否有其他部门或办事处可能需要
　　　你的帮助？和现有客户沟通一番，看看他们是否愿意推荐你。

提供体系化策略

　　发展教练或咨询业务，可以通过寻求推荐或开展团体模式进行，也可以通过提供体系化的策略来实现。1988 年，约翰·詹斯奇（John Jantsch）开展了营销咨询服务，当时他没有采取体系化的策略，不过最后在堪萨斯城开展业务时，他采用了这种方式。他回忆道："最开始的时候，我几乎没有策略。大概就只是找到客户，然后说'你需要帮助吗？我们肯定能满足你的需求'。"

　　他工作勤奋，业务不断增长，最终他的业务达到饱和，除非增加人力并承担更多的日常开支，否则他无法为更多的客户提供服务。当时他进退两难，但是他没法提高价格，因为他经常合作的客户营销预算并不多。

　　这个时候，他开始思考如何更有效地提供咨询服务。詹斯奇说："很少有人提供全面的营销策略。有人提供社交媒体方面的专业知识，有人提供优化搜索引擎的策略，有人提供博客方面的策略，还有人提供其他方面的策略。但是没有一个人说'营销策略可以成体系，我可以提供体系化的策略'。"如果詹斯奇能做到呢？

　　詹斯奇开始总结小型业务营销的基本法则，比如他认为："寻找你的理想客户，思考你对这个世界的非凡贡献，思考这种非凡的

贡献会让你不只局限于竞争。"一旦奠定了基础，小型业务创业者可以进一步思考："我们可以通过哪些途径与潜在客户建立联系？如何转化这些潜在客户？"

最开始，他把 200 页的打印文件放在三孔文件夹中，然后寄给客户。不久，这个被他称为"胶带营销"（Duct Tape Marketing）的新体系大受欢迎。尤其是在他作为第一批营销类博主开始在网上分享观点后。

从提供临时的、一次性的咨询服务，转向提供**体系化**营销策略，给了詹斯奇启发。他说："你可以从中领悟一些道理，'有三件事十分重要，那就是研究、观察和总结。如果在工作中也这样做，我们会得到更好的结果。'做好这三件事，我们的效率会大大提升，收入也会随之增加。"他还可以与客户达成每月合作的协定，而非只参与某个项目，或者只提供数小时的咨询服务。他说："显然，这种方式更加稳定……我与某位固定客户的合作时间越长，我获得的收入就越多。"

这套体系化的营销策略，及其朗朗上口的名字，成为品牌差异化的有力武器。詹斯奇不再需要和其他营销顾问竞争，他说："客户记住的不再是我，而是这套策略。他们会说'我需要那套体系，我需要那种方法，我需要那些策略'。"如今，"胶带营销"的品牌价值已达数百万美元，在小型业务咨询市场已成庞然大物。

试一试

如果你想将自己的实践经验体系化，请思考以下问题：

√ 最近的 3 ～ 5 次咨询服务，是否有共同点？每次服务都会经历哪些步骤？

√ 写下你工作中最常用的、标准化的方法。每次服务可能稍微有些不同，不过还是有共同点。每次咨询方案的关键要素是什么？成功的咨询服务一定会包含哪些要素？这些共同点将成为提供体系化策略的基础。

提供高端产品

刚开始从事副业或创业时，你会觉得从小做起更加稳妥——比如以 50 美元的价格出售在线课程，或者以 2.99 美元的价格出售电子书。如果你已经拥有了一定的受众群体，你可以通过这些方式获得额外收入，我们也将在第九章深入探讨如何创建在线课程。但是，创业初期，以低价位的大规模营销为目标几乎对业务发展没有益处。其实，你应该更大胆一点。

宣传和业务发展策划师塞琳娜·素说："不少人认为，'应该先销售低价位的产品，不需要投入太多时间和精力，从小做起，再逐渐向上发展'。实际上，我认为提供高端产品更明智。"我创业的时候，也犹豫是否应该面向更多的受众，不知道如何定价。最后我选择了传统路线，甚至把价格定得非常低。素与我不同，她的方法更明智。

素在非营利组织开始了自己的职业生涯，每年收入 4.2 万美元，这让她在消费水平极高的纽约只能勉强度日。[1]她厌倦了低工资和繁重的工作，选择去攻读 MBA。在这个过程中，她意识到销售高端产品才能帮助她走向成功。毕业之后她开始创业，最初将一个为期六个月的教练课程定价为 5000 美元。她说："定价 5000 美元，你很快就能挣到六位数。你只需要为 10 位客户提供六个月的服务，就可以挣到 5 万美元。接下来，你只需要继续和他们合作，或者找到新的客户。"

素所做的事情听起来具有挑战性，其实在此之前，她已着手建立了信誉和人际网络。凭借她对公共关系的了解，她与创业网红拉米特·塞希（Ramit Sethi）和玛丽·弗里奥交好，帮助他们处理公共关系。这两位创业网红自然就成了素的支持者，提升了素的社会认同（人际关系带来的信誉）。

以这些为起点，她开始为该行业的资深创业者撰写客座文章，并出现在他们的播客中，这显著提升了她的个人知名度。她的人际网络不断扩展，通过已有客户推荐新的客户，越来越多的人加入了这个项目。最终，素策划了一个价格更高的智囊团项目，每年收费超过 2 万美元。

这样定价也有助于培育个人品牌。素说："提供高端产品时，你将与高端、优质的客户合作。这些人有各自的人际网络。"他们认识的人有可能会注意到你们之间的关系，从而对你的项目感兴趣。"你在他们的心中埋下了种子，**他们会希望未来有一天与你合作。**"

试一试

如果你想攻入高端市场，请思考以下问题：

√ 你真正能提供哪些高端服务？详细描述这些高端服务。谁是你的理想客户？你的报价是多少？他们会得到什么回报？服务持续多长时间？有什么吸引人之处？有什么独特之处？回答这些问题，查漏补缺，这对明确个人价值定位、理解目标受众需求十分有用。

√ 你的哪些技能可以帮助你所在行业的名人？写下 1～3 个你确实可以提供帮助的人。你需要确保提供的帮助有价值，否则会给接受者带来负担。当接受帮助的人不知道你是谁的时候，不要写邮件询问"有什么需要帮助的吗？"。有针对性的、有价值的帮助才能让你脱颖而出，比如素在公共关系方面提供帮助，哈尔彭帮忙审查网站。

开放知识产品的授权

当教练或顾问为工作疲于奔命时，他们总是会抱怨：**为什么我分身乏术**？将自己创造的知识产品，比如教练技术或材料，授权他人使用，从而获得收入，就能实现"分身"的效果。要做到这一点，首先你需要有足够多满意的客户，以及感兴趣的受众。一旦实现"分身"，你就可能从中获得巨大回报。

顾问安德鲁·索贝尔（Andrew Sobel）在国际范围内授权了销

售和建立人际网络的方法。他说："第一步是向客户证明自己的观点有价值。如果你没有围绕这个产品建立强大的个人咨询业务，或者说，你还没有通过这个产品获得六位数、七位数甚至八位数的收入，那么我不确定这个产品是否值得开放授权。"

确实是这个道理，因为如果有人愿意购买你的知识产品，那他一定希望这个产品奏效，并且获得市场认可，这样才能把投入的钱赚回来。索贝尔说："第二步，从你自己的客户开始，看看他们是否愿意购买。"如果他们愿意购买，你不仅可以得到知识产权授权费，还可以培训他们的培训师。如果你已经做到了这两点，你可以考虑开放知识产权的授权。

另外，如果你已经打下了基础，有时机会就会不请自来。2007年，詹斯奇出版了《胶带营销》一书。几年后，他忠实的粉丝直接表示，希望帮忙推销"胶带营销"。詹斯奇回忆说，当时有人打电话，表示"希望成为'胶带营销'的顾问"。他想："我最好策划一个授权项目。"

威廉·阿鲁达（William Arruda）的授权策略更富挑战性，不过他也很好地实行了这个策略。在 IBM 担任企业品牌经理时，阿鲁达发现了"个人品牌"的概念。他很喜欢这份工作，不过在阅读了汤姆·彼得斯 1997 年的著名文章《建立你的个人品牌》（*The Brand Called You*）（《快速公司》（*Fast Company*）的封面故事）之后，他受到了启发。[2]

2001 年，他辞掉工作，成为全职的个人品牌教练。他原以为客户会蜂拥而至，结果出乎他的意料，几乎门可罗雀，他越来越焦虑。

他回忆道："没有人知道'个人品牌教练'是什么，更没有人愿意为此付费。"

塞翁失马，焉知非福。缺少客户意味着他有了大量的空闲时间。阿鲁达说："创业的前两年，我利用我知道的全部信息，做了大量研究，创造了一种方法。我在公司免费试用这种方法，让主管看看哪些有效，哪些没用，方便我改进。"

阿鲁达意识到，要想赢得客户，首先需要尽可能培养人们的个人品牌意识。他可以利用自己精心打磨的知识产品（个人品牌培养方法）来做到这一点。是否可以用它来培训有抱负的个人品牌教练呢？一方面，这给他自己制造了竞争；但另一方面，他几乎不顾一切地为这些志同道合的人创建了一个社群。他认为，既然个人品牌是个新兴的概念，那么推广的人越多，对大家越有利。阿鲁达说："我太孤独了，没有人和我讨论这个话题。当时我想'怎么才能找到志趣相投的人呢？'，后来，我想到了一个授权项目，通过认证，会有更多的人了解到个人品牌的概念。"

没有既存的受众群体，甚至也没有一个稳健的商业模式，几乎很难引起他人对授权项目的兴趣。但是在这个未来的热门领域，阿鲁达早就建立了一套全面的方法论，缩短了项目发展的常规流程。2003 年，他启动了授权项目。

阿鲁达回忆道："我所做的，就是瞄准最早运用个人品牌这个概念的人。当时最早使用这个概念的人，不是主管教练，而是简历写手和职业顾问。个人品牌相当于他们工具箱中的新工具，一套新的话语体系，一种看待工作的新方式。"

启动授权项目

为自己的知识产品开放授权与自己亲自工作十分不同。阿鲁达说："这次经历让我真正有了收获。授权的好处之一是你可以更加了解自己的方法论，因为现在不只是你在使用它。为了确保方法论易于上手、全面，你需要不断改进整个流程。"

授权，不仅有助于改进方法论，也有助于形成共同的世界观。詹斯奇建议，任何想要为自己的方法论开放授权的人，都应该为自己的方法论设计一个独特的名字，比如"营销漏斗"（这个词条广为人知），它描述了顾客从了解产品到产生购买行为的过程。詹奇承认："漏斗算是陈词滥调了，你可以想到更好的名称。"即使是只好一点点，也会有更好的传播效果。他说："当人们开始阅读你的文章，或成为你的粉丝时，他们就有了共同的语言。"从而形成群体凝聚力，以及共同的想法和价值观。

在决定开放授权之前，你需要回答一个关键问题：你的授权是永久有效，还是以一年为期限？《磨炼自我》的作者波特采取了前一种方式，将授权费用设定为 2 万美元。他担心如果以一年为期限，那么人们要是想要继续得到授权，还需要重新评估。他不想那么麻烦。他说："我希望授权永久有效，让人们安心、有归属感。"每个月，他都会为被授权方举办各种形式的职业发展活动，被授权方可以自愿参加。

詹斯奇和阿鲁达则选择了年度评估，因为他们认为这样有助于被授权方了解最新的最佳案例。而且，如果被授权方没有遵守约定，有损品牌形象，则会在年度评估时被取消授权。詹斯奇对初次授权收取 1 万美元，之后每年重新评估时收取 2500 美元，这里面包括了继续接受培训的费用，并有加入社群的机会。他说："这些流程和协会的流程相似。"重新评估时，只需要提交当年的工作案例，流程不是特别复杂，但足以体现被授权方对质量控制的认真程度。

请记住，你的授权项目可能会随着时间的推移而变化和发展。最开始，阿鲁达只授权了 5 个人。2015 年，他授权了 192 人。自该项目启动以来，已有 1000 多人获得了授权。你不可能事先知道被授权方最需要什么信息，或者他们会有什么问题，或者他们会面临什么风险。詹斯奇说："我认为没有完美无缺的事情，我们需要根据实际情况来调整方案。"

詹斯奇说："可以与有意愿获得授权的人一同改进方案，与他们一同发展策略。降低授权费用，并鼓励他们给你大量的反馈。"

也就是说，在正式推广项目之前，小范围试点你的授权项目，确保你正在创造的产品满足市场需求。如果满足，你可以通过开放知识产品的授权，传播个人观点，从中获得内心的愉悦和不菲的收入。阿鲁达说："通过被授权方，以及他们接触的人，我们的观点得以传播。其中的价值不可估量，这是仅凭个人力量永远无法实现的。"

管理风险

经过你官方认证的被授权方可能会影响你的声誉。如果有人不遵守约定，加入了他们自己（可能是误导性）的方法呢？如果他们曲解或是改变了你的方法论呢？如果他们对客户态度不好，从而影响了你的声誉呢？这些都是合理的担忧。但波特说，当事情发展到一定阶段，你可能就无能为力了。

2009 年，波特开始将《磨炼自我》一书中提到的方法论授权给一些顾问。"人们不停地问'这样是否会弱化你的个人品牌？'。起初我会说'我确实会担心'，之后，我改变了想法，'反正这些顾问已经用了我的方法，我为什么不能收费呢？既然他们在用，我应该培训他们如何正确使用我的方法，将我的品牌推广到全世界'。"

詹斯奇同样接受了现实，他无法控制一切，他能做的就是为110 多家被授权方提供高质量的培训。他说："能做的就是这么多，你无法控制他们的一言一行。"

为了避免潜在风险，他创建了一个强大的被授权者社群。在社群里，大家互相帮助，共同制定团体规范。詹斯奇说："我们每年都会举办一次聚会。每两个月，我会告知他们需要了解的特定主题。我的策略就是：**持续培训，增强联系**。维持社群成员的紧密关系，这可能有助于降低风险以及减少对品牌的伤害。"

从本章提到的教练或咨询项目中借鉴经验，有助于你创造收入、建立粉丝基础。到那时，你会发现自己势头正旺——可以从现有业务向外扩展至其他领域，比如发展付费的专业演讲业务。

试一试

如果有一批人乐意学习你的方法论，那么启动授权项目的时机已经成熟。请思考以下问题：

√ 整个项目包含哪些步骤？把这些步骤分成独立的小模块，最好用独特又令人难忘的名称命名，使其与你和你的方法产生联系。

√ 传播这些知识的最佳途径是什么？你只做线上培训，还是会做一部分面对面培训？如何规划培训？强化培训安排在工作日还是周末？是否计划每年举行多次培训？如何开展再次培训？

√ 授权费用是多少？是终身授权，还是在每年重新认证的时候收取年费？如何确定被授权方是否遵守约定？

第五章

发展演讲业务

我需要发展咨询业务，而演讲似乎是个有效途径。我在演讲台上感觉很轻松，也很喜欢与观众互动。所以在职业生涯早期，只要有团体需要我，我就自愿提供免费演讲。当然，我也有更高的追求。当时一个地区商会定期举办早餐会活动，有数百位商界领袖参与。我想，如果有机会站在他们面前演讲就好了。为此，我准备了一份精美的资料包，里面有个人简历、演讲经历介绍，以及一张DVD——我花费了1000美元，请了专业人员拍摄和剪辑。

几个星期后，我打电话确认商会的工作人员是否收到了我的资料包。结果，他们根本没收到。我以为资料包被弄丢了，所以又准备了一份，重新邮寄过去。当我再次打电话确认时，我知道了真相。一个助理徐徐地说："我们没有收到。你可以再发一次吗？"我才意识到他们不过是在搪塞我，因为他们没听说过我，认为在我身上花时间没有意义。结果，他们直接把我的资料包扔掉了。

从那次经历中，我吸取了一些宝贵的教训。首先，无论如何，我必须更加知名，这样才不会再次被无视。其次，我明白了一些道理，我把以下四点称为"克拉克专业演讲四阶段"：

- 最开始，没人对你的演讲感兴趣；
- 然后，有人对你的免费演讲感兴趣；
- 之后，有人对你的低价演讲感兴趣；
- 最后，有人对你的演讲感兴趣，并愿意支付相应的价钱。

如果你希望成功发展付费演讲业务，就需要先清楚你在这四个阶段中的位置，以便相应地调整活动内容和演讲费用。显然，对这个商会而言，我处于第一阶段。

在接下来的几年中，我致力于培育个人品牌，以便我能向上攀登。本章，我将分享一些我从个人经历和我采访的其他专业演讲者那里学到的东西，包括如何获得第一次公开演讲的机会，免费演讲的益处，何时开始收费以及收费标准，推播式营销（outbound marketing）的方法，如何扩展人际网络以及寻找多种收入渠道。

如何获得第一次公开演讲的机会

许多人给我发电子邮件，表示希望发展演讲业务。他们的第一个问题几乎总是"如何找到一个演讲者组织来帮助他们安排演讲活动"。不幸的是，他们都想错了。

一个演讲者组织会与许多演讲者达成合作，有些演讲者专职为该组织工作，有些则不是。一般是某个公司或协会付费给演讲者组织，为活动寻找和安排演讲者。我和一些演讲者组织有过合作，它们可以提供一些帮助。但是，现实是残酷的，如果你加入组织的时候无法自带业务，这些组织根本不会考虑你。如果安排希拉里·克林顿（Hillary Clinton）和科林·鲍威尔（Colin Powell）这样的世界知名人士发表演讲，它们可以得到演讲者的部分佣金（通常把佣金的 25% 作为它们的报酬）。如果安排你发表演讲，每次活动只能获得 5000 美元，这无法维持组织的正常运行。

一些初创者把演讲者组织视为灵丹妙药，认为一旦自己成为代表性成员（这意味着照片会出现在组织的网站上），机会就会从天而降。其实，根本不是这样。即使你可以与这些组织合作，但是除非你的价值和知名度已经达到了一定高度，否则它们也不会费心帮你营销。我与这些组织合作的全部过程是，它们的客户询问："是否可以安排多利·克拉克出席活动？"它们表示可以。于是相关工作人员搜索我的网站，给我发电子邮件，准备好了合同。仅仅几分钟，它们就从客户那里挣了几千美元的佣金。这个钱可真好挣。

总之，与演讲者组织合作不是你早期的重点。如果你想与演讲者组织合作，你需要通过实际的演讲，逐渐积累足够多的支持者，从而引起组织的兴趣。如果你没钱，银行不会想借钱给你。同样地，如果你没有足够可靠的营销渠道，不能仅凭个人力量推动活动的传播，演讲者组织也不会想与你合作。

如果你无法从演讲者组织那里找到第一个演讲机会，如何自寻出路呢？答案是，不要直接寻找演讲机会。当你不刻意营销自己的演讲者身份时，你会收获更高的声望。迈克尔·帕里什·杜德尔曾指出，推销自己会削弱可信度。

杜德尔说："如果某位知名演讲者已经在自己的领域卓有成就，往往更有吸引力。如果只是营销自己的演讲者身份，反而会削弱个人价值主张。听起来难以置信，但这就是现实。"他发现推播式营销完全无效，几年前就不再使用这种策略。

反之，"集客式营销"（inbound marketing）（也就是吸引潜在客户的营销方式）更有效果。你可以通过两种方法来吸引潜在客户。第一，请认识你和喜欢你的人帮忙推荐演讲的机会。比如，某位客户可能推荐你为她所在的专业协会发表演讲，或者去年在某个会议上演讲的朋友可能向会议组织者推荐你。

第二，创作内容，吸引潜在客户。比如，我为《哈佛商业评论》撰写过一篇博客文章，内容是如何规划一年的职业发展路径。这篇文章引起了一个专业协会的注意，该协会问我是否愿意就这一主题举办付费研讨会。后来，我举办了一场现场直播，参与者超过 600人，我接触到了全新的受众群体。

大多数情况下，你不会从第一次演讲中得到报酬。我采访的许多演讲者谈到了早期免费演讲的重要性，他们认为，最初的免费演讲可以为你积攒人气，那些听你演讲的人将成为你的核心受众。

试一试

在准备第一次演讲前，请思考以下几点：

✓ 列出认可你工作的客户名单。主动询问他们是否在专业协会中工作，是否可以推荐你。或者，他们是否认识一些会议的组织方。他们可能会为你美言几句。

✓ 如果你的朋友或同事是演讲者，询问他们在最近发表过演讲的活动中，是否有适合你参加的活动。询问之前思考清楚，因为他们需要以个人声誉为担保推荐你。只向关系亲密的人寻求帮助，并准备一个视频样本，如果他们还未见过你在台上的表现，可以借此评估你的演讲能力。

✓ 列出一些你可以写的博客主题，将它们与你的演讲搭配起来。这样做是为了创建营销渠道，如果客户对你的博客内容感兴趣，他们会主动联系你："你能就这个主题为我们的团体发表演讲吗？"

免费演讲

创业初期，免费演讲是一个非常合理的策略。你可以借此锻炼技能、打磨能力，而且它让你接触到潜在客户——你的听众可能因此希望与你进一步合作。"胶带营销"的创建者约翰·詹斯奇回忆道："最开始，我演讲是为了获得潜在的机会。只要我觉得有获得机会的可能性，就会答应某个组织的演讲邀请，争取让听众有所收获。毫无疑问，之后会有两三个人走过来，说'我想和你合作'。对我来说，这就相当于报酬。"从他的角度看，如果他能招揽咨询业务，那这场演讲就是值得的。"我可能从这场免费的演讲中收获客户，从而得到 10 万美元的收入。"

《自品牌》（*Promote Yourself*）一书的作者丹·斯柯伯尔说他早期在马萨诸塞州一所大学做过一次免费演讲，那次演讲后大约三年，一位已经毕业的听众入职了一家科技公司。这家公司当时需要一位演讲者，她记起了斯柯伯尔的演讲，向公司建议邀请他。那次是他的第一次付费演讲，挣了将近 6000 美元。

在决定为谁提供免费演讲前，明确你的选择标准。在一定的阶段，如果你只是想积累演讲经验，那么你可以接受所有演讲邀请。如果你时间有限，那么就接受那些可以带来额外好处的演讲邀请。

威廉·阿鲁达在谈到个人品牌时说："除了赚钱之外，你还可以收获很多。你可以邀请人力资源主管或者认识的媒体机构来听演讲。或者请他人帮忙录下来，以备后续使用。或者让大家在参加会议的同时发送相关推特，这样有助于建立个人品牌。即使演讲没有报酬，也可以想出一些方法来获得真正有价值的东西。"詹斯奇认为，这些真正有价值的东西包括接触到潜在客户，获得推荐信或得到认可证明，有机会访问一个特殊的地方，还有获得与所在领域的专业人士互动的机会。

如果没有演讲费用，或是费用很低，你至少可以要求报销差旅费用。如果对方不同意，你可以重新考虑这次机会是否值得。有时候，专业演讲者格兰特·鲍德温（Grant Baldwin）会问组织者是否会为陪同他的家人支付费用。他曾经在一个适合亲子旅游的度假胜地演讲，演讲费用比平时低，不过他有机会和家人度假，他的女儿们也能在水上公园纵情玩乐。"演讲费用比平时少，但我依旧有收获。"

极个别情况下，我会仅仅为了见见演讲圈的朋友而接受演讲邀请。有一次，我同意出席在圣地亚哥举办的社交媒体营销年会（Social Media Marketing World）并发表演讲，组织方只报销了我的酒店费用，我还得自己承担机票费用。不过，组织方把众多优秀的演讲者聚集在一起，其中有我的老朋友，作家迈克尔·波特和米奇·乔尔（Mitch Joel）。还有一些同行，之前一直在网上聊天，但还没有见过本人，比如作家马克·谢弗（Mark Schaefer）和乔尔·科姆（Joel Comm），以及播客创作者约翰·李·杜马斯。所以这次活动值得我参加。

你需要清楚，即便是提供免费演讲，也不会很快就能找到机会。你需要花时间在演讲圈建立个人品牌。最终，由于内容优质，你的免费演讲会引起他人注意，他人会向外推荐你，你就会开始获得回报。随着越来越知名，你也会开始第一场付费演讲。

试一试

在演讲业务初期，可以问问自己：

√ 有什么值得你为一场活动做免费演讲？写下至少六点好处（如结识知名人士、获得他人推荐等）。打开你的思路。

何时开始收费

从免费演讲过渡到付费演讲是一个挑战，也是一个心理上的转变（你可能很难坚决地表示自己一小时收费数千美元）。那些过去免费邀请你演讲的人，可能不愿意支付酬劳。这时，你可能需要培育新的客户，即愿意支付费用的客户。

于我而言，从免费演讲转向付费演讲，最主要的因素是 2013 年出版了《深潜：10 步重塑你的个人品牌》这本书，从而提升了我的知名度，提高了我的声誉。在那之前，我发表演讲只会象征性地收取几百美元。这本书出版后，我收到的邀请越来越多。

但是，即使是在出版这本书之后，我仍然不觉得人们愿意为我的演讲付费。过去，我一般不索要费用，认为演讲理应是免费的。活动组织方当然乐意我一直持有这样的观念。

最终，一件重要的小事改变了我的行为，促使我开始收费。就在本书发行之前，一家即将举办年会的协会因一位同行的推荐找到了我，询问我是否愿意发表主题演讲。这听起来是个不错的机会，我也很感兴趣，但是时间很不合适。虽然我可以排出空闲时间，但是交通往来和后勤工作太过麻烦。

为了进行成本效益分析，我回信询问预算。组织方告诉我："我们是非营利组织，所以我们真的没有演讲者的预算。"几乎所有协会都是非营利的，而且有些协会规模庞大。但是（现在我知道了）组织将近 3000 人参加的全国会议，不可能没有给发表主题演讲的演讲者的预算。不过那时，我比较无知，不知道许多组织只是假装没钱。我一般都会相信组织方所说的，同意做无偿演讲。但是，这次实在太麻烦了。所以我回信表达了遗憾之情，表示不能接受免费演讲。

出乎意料！我的回信居然起了作用。组织方立马回信，表示可以支付 5000 美元。我很惊讶：当组织方说没有钱的时候，我居然信以为真。通过这件事，我得到了启发——谈判其实很容易。在我没想谈判的情况下，演讲价格瞬间提高了 5000 美元。我之前的演讲费用从没有这么高。我立即表示同意，5000 美元完全抵消了旅行带来的不便。

经过那次事件，我开始有信心地要求组织方支付费用，现在每场演讲我收费 2 万美元。据说，热门畅销作家，比如马尔科姆·格拉德威尔（Malcolm Gladwell），一次演讲的费用高达 8 万美元；全球名人的演讲费用更多，比如希拉里·克林顿在高盛集团发表的著名演讲，费用为 22.5 万美元。虽然我挣得没有他们多，但每年仍然能从中获得六位数的可观收入，而且我乐在其中。

熟悉收费标准

一般来说，行业内的收费标准是：

- 新人每次演讲收费 500 ～ 2500 美元；
- 有初步经验或是刚通过一本书建立了个人品牌的演讲者，每次收费 5000 ～ 10 000 美元；
- 出版多本书籍或有其他形式证明自己的"社会认同"程度的演讲者，每次收费 10 000 ～ 20 000 美元；
- 相关领域内非常出名的演讲者，比如畅销书作家，每次收费 20 000 ～ 35 000 美元。

社会名流和知名人士与上述四种情况完全不同，每场主题演讲的费用是 50 000 ～ 300 000 美元。如果你属于这种人，立马把书放下，给演讲者组织打电话，告诉它们克拉克推荐了你，之后你可以付给我一笔佣金。

即使资深演讲者已经有了较为固定的收费价格，但实际价格也会视情况而略有浮动。非营利组织其实有可支配的演讲预算（上面提到的那个组织还试图骗我，说自己没有钱），不过这种组织的预算确实没有企业多。此外，相较之下，地区协会比国家协会的可支配预算更为有限。所以，在接受邀请之前，最好弄清以下问题：

- 预计有多少人参加活动？
- 按照一般情况，与会者是谁？他们的职称和资历如何？
- 活动将在哪里开展？
- 开展活动的背景（会议、公司内部职业发展培训、客户答谢会等）是什么？
- 是要发表主题演讲（时长一般为 45 ～ 60 分钟），还是在分组会议上发言？

弄清这些问题有助于确定活动的重要性，了解组织方对你的重视程度。活动越重要，预算可能就越多。比如，组织方邀请你在阿斯彭的某个度假胜地为数百位高管演讲，这样的演讲预算可能很多。又比如，一家公司邀请你在总部为十几位实习生开展"午餐讲座"，表示仅有 500 美元的预算，那这家公司所言非虚。

如果组织方提供的报酬低于你的一般收费标准，或低于你的预期价格，你可以根据上文中提供免费演讲需要考虑的一些因素，来决定是否愿意接受这样的费用。有时，这些演讲能提高知名度或有其他益处，确实值得。但是除此之外，你应该坚定立场。如果你无法接受 1 月份乘坐三趟航班，前往德卢斯发表演讲，最终却只挣750 美元，那就不要接受邀请。你应该只接受那些你乐意参加的演讲活动。

你还应该记住，虽然演讲的小时收入通常很高，但大多数演讲者无法通过演讲变得富有。演讲者克里斯·威德纳（Chris Widener）估计："大约 95% 的专业演讲者每场演讲的费用低于 1 万美元。对大多数演讲者而言，理想薪酬是 6000 美元，有时上下浮动 1500 美元，也就是 4500 ～ 7500 美元。"[1] 不过演讲业务可以搭配其他业务，比如咨询业务、销售书籍或 DVD，从而成为复合型职业的重要组成部分。

试一试

在你习惯做付费演讲之后，请记住：

√ 如果有人邀请你做演讲，一定要问："你的演讲预算是多少？"他们可能没有预算，但你至少能得到回复，做出是否参加活动的合理决策。

√ 基于个人经验和个人品牌知名度，提前预设你的期望价格。在你认识其他演讲者之后（可以通过全国演讲者协会这样的平台认识），你就能了解他们的收费标准，并相应地进行调整。

掌握推播式营销的方法

你开始付费演讲模式后，最开始一定要拥有两个提高声誉、吸引受众的工具：网站和演讲演示视频。一旦有了这两个工具，你就可以向潜在客户积极地展示自我，并要求收费。这就是"推播式营销"，虽然这种方法早期很少奏效，但也不妨一试。

格兰特·鲍德温做了 450 多场演讲，从专业演讲中获得的收入超过 100 万美元，在业务开展的初期，他就掌握了上述方法。最开始，他"在昏暗的房间里，用一台小型手持摄像机"，自己拍摄演示视频。

我自己则是花钱请了一位专业人士，拍摄我在当地一所大学发表的（免费）演讲。当时光线很好，但是这位摄影师的拍摄手法不怎么好——她给我拍摄的每一个镜头，背景几乎都是学生摆出来的小餐桌，结果看起来我像是在烘焙义卖活动上发言。但是不管怎样，我迈出了第一步。之后，我开始在企业演讲，这些企业总是会录制活动现场视频。只要它们允许我保留一份视频副本，我就会同意它们录制，而这些视频副本就成了我新的视频版名片。

有了网站和演讲视频的辅助，只要你愿意，就可以面向潜在客户宣传自己。我与商会合作，做了一些尝试，不过没有尽心尽力，最终因为内心的排斥而放弃。但是鲍德温发现，即使没有畅销书或者知名人士的认证，也能实现推播式营销。

最开始，鲍德温说："我需要做大量的游击式营销。"他一直给高中生和大学生演讲，组织方不支付费用，或支付很少的费用。他想要在企业中演讲，但是没有门路。于是，他打开谷歌，搜索"房地产会议""房地产中介会议"等关键词。谷歌上几乎可以找到任何一个行业的协会会议和大型会议信息。

鲍德温建议像他一样，先搜索本地会议的信息。他清楚，在建立强大的品牌之前，他没有机会出席全国性会议。不过，他有可能说服地方会议的负责人。他说："我清楚地记得，我有几次打印了全国 50 个州的名单，记下了每个州所有协会待举办的会议。"然后他在网上找到执行负责人的联系方式，询问是否需要他去演讲。

他说："我之前有一个信息库，里面有七八百位联系人。我每年会给他们发送 1 ～ 2 封电子邮件。我不想群发，不想骚扰他们，也不想惹人讨厌。"鲍德温说，很多新手演讲者一旦找到一个有前景的会议，在未经允许的情况下，就会发送电子邮件，用几页长的文字说明自己的优秀，以及演讲能力的出色，结尾还会附上个人网站和视频的链接。他表示："不要这么做。"

鲍德温做了两件重要的事情。第一，确保电子邮件的简洁性。第二，确保与联系人有后续的交流。

他说："通常情况下，我的唯一目标就是得到他们的回复。"他会发送一封简短的电子邮件，内容一般是："你好，多利。我刚看到你们会在 11 月组织纽约学生会大会。看起来很棒。不知道你们是否在寻找演讲嘉宾。祝好，格兰特。"他不会推销自己或是发送演讲视频的链接，他只是问询。这通常会引发交流，或者促使收件人主动查看他的网站。

收件人至少会回答他的问题，告诉他他们计划在几周或几个月后开始寻找演讲者。他会在日历上做个标记，并持续关注，极少有人能做到这点，这正是他的关键优势。鲍德温说："如果有人在组织一年一度的州级会议，那么在他们寻找演讲嘉宾的 365 天里，你会有一线机会。如果你错过了，就只能等到明年。所以你需要适时抓住机会。"通过在一开始创造简单的正向互动，然后用后续行动展现自己的努力和可靠，鲍德温使自己脱颖而出。

他的邮件回复率仍旧不高。他说："如果你发送了 100 封邮件，你可能收到 5 封回信。在这 5 封邮件中，你可能与 1 ～ 2 人建立合作关系。"如果不发送这 100 封邮件，他可能就得不到这两个演讲机会。这两个机会是他早期演讲事业的关键推动因素。逐渐地，他有资格提高收费标准，现在也可以大胆地降低工作强度。他告诉我："两年前，我一年出席 67 场活动。去年，我参加了 29 场活动。今年，我可能只参加 10 场……我结婚了，有三个女儿，所以我想多回家。"当你奠定了坚实的基础时，你就有了选择的自由。

试一试

如果你在考虑集客式营销和推播式营销，可以想一想：

√ 你会使用什么策略让会议组织方主动找你（撰写博客文章，出现在播客上，还是请同行引荐）？列出至少两个你计划在未来三个月内实施的具体策略。

√ 确定目标。列出至少 5 个你感兴趣的会议。在网上搜索会议组织者的联系方式，下周给每个组织者发送一封简短的电子邮件，询问他们是否需要演讲者。每周重复一次这个流程。

扩展人际网络，寻找多种收入渠道

对演讲者而言，最大的挑战就是，即使做了一次无与伦比的演讲，也有可能在至少几年内再也找不到演讲机会。因为组织方一直在追求"新观点"和"新鲜血液"。

所以你可以采取的最佳策略之一，就是与其他演讲者建立联系。他们可以提供有价值的信息，比如各种会议的现行价格标准，还可以向负责人推荐你。我的朋友迈克·米夏洛维奇（Mike Michalowicz），是《绝对利润》（*Profit First*）和《浪潮汹涌》（*Surge*）的作者。他创建了一个演讲者互荐小组，并邀请我加入。在组内我结识了一些朋友，从而在波多黎各和斯洛伐克找到了付费演讲的机会。我也给组内几位成员介绍了工作机会。

除了通过推荐获得更多的业务机会，你还可以通过创造性的思考去拓展业务，在每一次的演讲中获得更多收入。在鲍德温的演讲事业初期，他一天的演讲费用是 1500 美元，他通常会在当天面向不同受众群体发表两到三场演讲。他想，既然已经到了现场，再多做一场或两场演讲也不会增加太多的工作量。如果能接触更多潜在客户，也有助于扩展他的推荐圈。而且，关键在于，平时一场演讲一般只有 500 美元或 1000 美元，如果增加演讲场数，他能得到更多报酬。

鲍德温还热衷于寻找演讲附带的收入来源（当然是在组织方允许的情况下）。如果组织方不支付演讲费用，或者支付较少费用，这种方式尤其有利。比如，他自行出版了一本书，演讲时提到了它，在演讲结束时他通常会在礼堂后面销售这本书。他说："我已经卖出了 3 万多册纸质书，95% 的销量都来自演讲。"

同样地，当我为《福布斯》采访演讲者克里斯·威德纳时，他告诉我，如果他要在某些大会上免费演讲，他会制作一页产品清单，包括 DVD 和书籍，然后要求组织方在每个人的座位上放一份。[2] 演讲还剩 10 分钟的时候，他会说："有些学习资料非常有用，你可以在这份清单上选择产品，然后交给我。我们会在一周内寄给你。"通常，25% ～ 30% 的观众会购买他的产品。"有一次，3000 人参加了我的演讲，演讲后我售出了 14 万美元的产品。"如果你在企业里演讲，一般不被允许宣传产品，也不允许在会议室后面售卖产品。你需要清楚不同场合的要求与规范。不过，至少你可以在演讲中尝试融入非传统的收入方式，说不定就会带来新的商机。

对那些喜欢演讲的人来说，演讲是谋生的上好选择，但是演讲不总是最可靠或最稳定的收入渠道。尤其在经济衰退期间，企业几乎总会减少会议次数和参会的发言人数量。而且，演讲工作随季节而变化。春季和秋季是演讲的"旺季"，我几乎总是马不停蹄地四处奔波。而在夏季和假期期间，演讲需求急剧减少。此外，自由竞争导致演讲者数量过剩，从竞争中脱颖而出并建立个人品牌是一个漫长而缓慢的过程（斯柯伯尔免费演讲了三年，才获得第一次付费演讲的机会）。

最后，因为会议的准备时间很长，所以即使你开始在演讲业务上大获发展，也不能放弃其他收入来源。鲍德温说："如果我现在就为九个月后的演讲做准备，那一定会准备得很充分，但你还得支付这九个月内的开销。你需要花一段时间积累足够多的资金，从而平衡收入与支出。"当他的演讲业务刚刚起步时，他还同时做过餐厅服务员、证券公司的销售员等。随着事业的发展，他得到越来越多的演讲机会，从而能够辞去一个又一个的兼职工作。

一旦你开始演讲事业，增加受众和获得更多演讲机会是发展业务的关键。播客则是其中一个有力工具，下一章我们将讨论如何利用这个工具。

试一试

如果你刚启动演讲业务，最重要的就是获得机会。不过，你也可以同时为未来考虑其他的收入来源。你可以思考以下问题：

- √ 你可以创造哪些产品，比如书籍和音频学习资料？你的听众对演讲的哪些方面最感兴趣？你可以从哪些方面深入探索，给他们提供帮助？

- √ 开始做初步研究。如果你计划自行出版一本手册，或创建一个视频培训课程，你需要什么资源（比如时间、金钱和设备）？你可以求助同行，或者上网查找参考资料。明确自己可以在未来发展哪些业务，这样你就可以开始做准备工作，比如录制演讲视频，以便用作日后的培训资料。

第六章

通过播客获得粉丝

2004 年，播客诞生，但并没有立即引发轰动。杰森·范·奥登回忆当他第一次听到这个名词时的情景，他说："我用谷歌搜索了一下，结果返回的搜索结果是'您是要搜索 ×××吗'，它试图纠正我。就连谷歌也不知道播客是什么。"

范·奥登有一点编程基础，他对播客很感兴趣，所以继续搜索。"我最终找到了一些极客的博客文章，他们讨论了 MP3 的衰落、RSS（简易信息聚合）2.0 规范以及其他一些事情。"他说，他们言谈间表露的那种兴奋，就好像刚刚在车库里找到了爸爸的业余无线电设备一样。

现在，对那些有兴趣通过播客获得粉丝的人来说，事情已经变得简单多了。就如同创建网站的门槛降低了一样（如今，不了解 HTML 的相关知识，也能建立一个（WordPress）网站），创建播客节目的方式也不再复杂难懂，而是简单又易操作。截至 2015 年 6 月，苹果 iTunes 的播客节目数量已经超过 20 万个。[1] 预计未来几年，播客数量还会持续增长，因为据分析师预测，2025 年所有新车都会接入互联网。[2]

当这一天到来时，播客几乎就可以当作广播，这时播客将成为发展大业务的重要途径。著名播客节目《魅力艺术》（*Art of Charm*）的主持人乔丹·哈宾格（Jordan Harbinger）曾预测："未来有些企业会花费数百万美元营销节目，这些节目将占据 iTunes 榜单的前 100 名。大部分播客节目将是探索节目和娱乐体育节目。到那时想要跻身前 100 名会难如登天。"[3] 他认为，现在几乎人人都可以开设播客节目，竞争看似激烈，但仍然有机会跻身前列并产生影响力。

如果未来你想通过播客赚钱，请考虑以下策略：确定发布频率，坚持不懈创作；引入广告，获得收入；构建业务链。

确定发布频率，坚持不懈创作

十多年前，哈宾格和搭档开通了播客节目，最开始他没有认真运营这个节目，只是断断续续地录制一些播客，也不关注听众数据。"有一天，我们发现有 24 次下载。不是 24 000 次，不是 2400 次，而是 24 次。我们之后有六年没有再关注听众数据。这个播客节目不能算是一项业务，只是我们的兴趣爱好。"

在 2012 年前后，他决定提高发布作品的频率。他开始每周在固定一天的固定时间点发布一次播客作品，然后他的粉丝数突然翻了一番。于是他继续提高发布频率，每周发布两次，下载量又增加了一倍多。最终，他决定每周发布三个作品，现在，每月的下载量超过 300 万次。

从哈宾格的经历可以看出，高发布频率是播客节目成功的一个关键因素。另一个关键因素并不复杂，那就是坚持不懈。播客创作者需要花时间积累听众，但是很多创作者努力一段时间后就会放弃，因为他们觉得自己的努力收效甚微。那些最成功的播客创作者发现，如果你能坚持不懈，终将会有所突破，从而带来极为丰厚的回报。

乔希·摩根（Josh Morgan）详细分析了播客数据，发现：从2005 年 6 月到 2015 年 6 月，有一个播客节目连续运营了六个月，每个月更新两个作品，一共 12 个作品，之后便断更了。[4] 这个播客节目的情况颇具代表性。根据他的调查，2015 年 1 月到 6 月期间，20.6 万个播客节目中，只有 40% 处于"活跃"状态。他对"活跃"的定义相当宽泛，只要在此期间更新过至少一个作品，就可称为"活跃"。绝大多数播客创作者群体没有坚持多久，自然就无法培育粉丝群体。播客创作者群体可能规模庞大，不过当你意识到大多数人很快就会退出时，就很容易坚持下去，从而在竞争中脱颖而出。

我也不例外。早在 2009 年，我就一时兴起，创建了个人播客，并为此采访了几位朋友。有一段时间，播客内容主要是我演讲的音频片段。但我没有固定的发布时间，有一次，我隔了 11 个月才更新播客。最后，当我发现我已经两年多没有更新任何内容时，就删除了那个账号。

如果你勤奋地更新播客节目（虽然我没能做到），它可以给你带来很多益处，不过也会产生机会成本。如果你一周创作多个播客作品，那就无法完成很多其他的事情。我选择把写书和博客作为内容创作的主要形式（同时，我还是其他人播客的嘉宾，仅在 2015 年，我出版上一本书《脱颖而出》时，还参与了 160 多个播客的录制）。

你必须有所侧重，才能在某一方面有所成就。我没有把播客作为重点，但是如果你能按时更新，吸引更多受众，就可以借助播客建立个人品牌并获得收入。下面，我们将探索如何通过引入广告获得收入。

试一试

如果你正在考虑播客节目的定位，可以思考以下问题：

√ 登录 iTunes，从你所在领域的至少 10 个播客节目中下载作品。在接下来的几周，听完这些作品，明确自己最喜欢的和最不喜欢的内容。你的播客将如何做到与众不同？

√ 对于那些作品不多的领域，你是否想要填补？（如果是"体育"或"营销"这样宽泛的定位，你很难获得关注。）

√ 你希望打造怎样的播客风格？友好型？权威型？你是否需要一个搭档？

引入广告，获得收入

约翰·李·杜马斯的播客节目《创业烈火》备受赞誉，他认为成功源于自己的专注。他回顾了自己早期的心态："我要通过播客获得收入，这就是最重要的事情，我要付出 100% 的努力……所以我才辞掉工作，这就是我前进的方向，我要全力以赴！"

你不一定要为了播客运营而辞掉工作，这通常不是明智之举。但不可否认，正因为杜马斯专注于播客运营，他才大获成功。他回忆道："在最初的九个月里（发布作品的前三个月，加上发布作品后的六个月），我们没有任何收入。每个月，我们的亏损都会增加一点。"

许多播客创作者最初都会有这样的经历。大多数刚刚起步的播客只有几百位听众，广告商对它们不感兴趣。一旦你的播客达到了一定的门槛标准，哈宾格估计，当你的每个作品大概有 1 万次下载量时，广告商就会认为你的播客可以吸引到成熟受众（尽管播客越来越受欢迎，但仍然不是社会主流，大部分听众是懂互联网的年轻人）。比如，在帕特·弗林的智能被动收入网站上，单个音频下载量在 8 万～ 10 万次之间。他说："一般情况下，每个赞助商都会支付2500 ～ 4000 美元的费用，所以每个音频的收入都相当可观。"

播客的广告价格根据每千次的下载量来计算，每千次下载量所对应的广告价格被称为千人印象成本（CPM）。广告价格并非一成不变，但截至本文撰写时（2017 年左右），播客的千人印象成本显著高于传统的广播电台。这可能是因为播客听众的主动性更大，需要订阅播客并下载音频。然而，听众在收听广播时，往往是被动接受，然而，且一不小心就会切换到另一个电台。

哈宾格判断，播客广告的千人印象成本一般约为 20 美元。如果播客拥有的"优质受众"非常符合广告商的心意，广告的千人印象成本一般可达 30 ～ 35 美元。如果播客的受众很特别，一般很难通过其他广告渠道接触的话，广告的千人印象成本一般是 100 美元。《华尔街日报》(*Wall Street Journal*) 2016 年的一篇文章也持有相同的观点，认为顶级播客的广告收入一般是每千人 50 ～ 100 美元。[5]

　　如果按照每名受众带来的收入计算，与油管的视频创作者相比，播客创作者的收入更可观。哈宾格说："油管视频播放量达到数百万次，与播客下载量达到数千次或数万次相比，后者带来的收入更多。"人们对油管视频千人印象成本的估算也不同，有人认为高达 18 美元，但其实有些创作者的广告收入远低于 18 美元。[6]他们不应该透露具体的金额，但是根据 2015 年媒介网站上的一篇报道，知名视频博主汉克·格林（Hank Green）的广告收入只有每千人 2 美元。[7]

　　当然，通过播客赚钱的方式很多，广告只是其中一种。哈宾格通过《魅力艺术》的面对面培训挣钱；帕特·弗林通过营销联盟的业务每月赚取数万美元；约翰·李·杜马斯创建了一个强大的会员社区，名叫"播客天堂"。

　　我们将在之后的章节深入探讨这些策略。现在，让我们看看通过播客赚钱的传统策略——把播客作为发展业务的工具。

试一试

　　如果你认为播客可能是个合适的选择，可以尝试采取以下行动：

√ 列出十个你有把握成功邀请的人。在你摸清了播客的运营方
　法后，你可以邀请他们参与最初几个作品的录制。你不会
　一开始就想要和不熟悉的世界名人合作。你应该把重点放在
　领域内的目标人选，而且是那些已经与你建立了良好关系的
　人。他们可能更愿意接受你的邀请，也更能容忍你作为新手
　可能犯的错误。

√ 规划好第一次访谈，一次至少发布三个作品（如果有更多作
　品，可以多发）。这表明了你对播客的重视，同时也会增加
　初期的下载量，从而更有可能在 iTunes 上吸引受众。

构建业务链

吴菲（Fei Wu）是波士顿一家广告公司的媒体制片人和网页开
发工程师。2014 年 10 月，她创建了自己的播客节目《菲的世界》
（Feisworld），希望与她所敬仰之人，比如商界领袖和创意专家建立
联系。在最初的一年半，她坚持每周发布一个作品，但是听众增长
的速度很慢。她告诉我，"下载量在 1.5 万～ 2 万次之间"。不是每
个作品的下载量，或者每个月的下载总量，而是所有作品的下载量
之和。

这与哈宾格所估计的引起广告商注意的最低门槛（每个作品 1
万次下载量）相去甚远。不过，吴菲有底气辞掉正式工作，开始全
身心从事自由职业，很大程度上归功于她的播客。

在我撰写本书之时，已有近 40 位嘉宾参与了她的播客录制，

其中近 25% 的人成了她咨询业务的客户。这一转化率相当惊人，尤其是她从来没有把播客作为获得收入的重点领域。

2015 年 7 月，吴菲收到太阳马戏团（Cirque du Soleil）的门票作为生日礼物。观看演出时，她立即被两位表演者的技艺所折服。这两位表演者是凯文·阿瑟顿（Kevin Atherton）和安迪·阿瑟顿（Andy Atherton），她称这一对兄弟为"非凡之人"。她想邀请他们一起录制播客。

她前往兄弟二人的网站，查找他们的电子邮件地址，她感觉十分困惑，因为找不到他们的联系方式。她回忆道："我发现网站顶部的导航栏有 10 ～ 12 个条目……有太多重复的信息。"她最终查到了邮件地址，邀请他们参与了播客录制，访谈进行得十分顺利。

几周后，吴菲还是无法忘记那个逻辑混乱的网站。作为一名媒体人，她知道网站可以继续优化。她想说些什么，但是犹豫不决。她回忆道："我不知道最初是谁设计了这个网站，我担心我说出来会让他们伤心。"最终，她写了一封措辞温和的电子邮件，先是赞扬了他们设有一个网站，然后建议在新节目上演前，可以优化网站页面。

她没有推销自己，只是提出了一系列建议，包括重新布局内容、分享幕后工作视频。她说："我甚至为他们创建了一个谷歌文档，方便他们记忆和参考。"

吴菲告诉我，她很快就收到了回信。他们认可她的建议，但不知道如何完善。他们询问："你能帮助我们吗？你的收费标准是多少？"

除了这两位表演者，还有其他播客嘉宾后来也成了吴菲的客户。克里斯蒂娜·里德（Kristina Reed）是一位电影制片人，曾获奥斯卡金像奖，凭借《功夫熊猫》（*Kung Fu Panda*）、《马达加斯加》（*Madagascar*）和《怪物史瑞克 3》（*Shrek the Third*）声名远扬。当时她在考虑开启新的职业篇章，她知道吴菲也在考虑转型去创业。吴菲回忆，在访谈结束的十个月后，里德说："菲，你有半小时的时间吗？我真的很想和你聊聊。"里德在好莱坞的工作室工作多年，没有自己的社交媒体平台，她想请吴菲帮忙。

还有一些播客嘉宾请吴菲帮忙制定营销和公关策略。"最开始创建《菲的世界》的时候，我没有想着赚钱，或者为这些人提供服务。根本没有这些想法。"但是，在嘉宾与她建立真诚的关系后，他们开始对吴菲产生兴趣，最终意识到可以从她那里寻求帮助并获益。

试一试

现在你已经深入了解了播客业务，可以准备进入下一阶段了。在开始行动之前，你可以尝试以下方法：

- √ 现在列出你最理想的 20 位嘉宾。他们是谁（企业家、健身专家、顶级建筑师）？上网搜索他们，找到他们的联系信息。他们通常会有个人网站，上面提供联系方式（如电子邮件地址）。或者，有可能只能找到他们的社交媒体平台简介。制作一个电子表格来记录这些信息。
- √ 思考你与每一位潜在客户的联系。如果你认识他们，你可以直接邀请他们。如果你不认识，可以请你们的共同好友引荐。他们是否与你认识的人合作录制过播客？询问他们是否愿意与你合作。你会惊讶地发现很多人都会欣然应允。

第七章

通过文字博客和视频博客扩大受众群体

　　无论你在创业的哪个阶段，创建文字博客或视频博客都可能有助于扩大受众群体。也许你刚开始创业，通过博客获得知名度和丰厚利润正是你的梦想，那么这件事本身就是你的目标。或者创建博客只是宏大计划的一部分，你还希望开展图书推广、教练业务和现场活动。不管出于何种目的，创建文字博客或视频博客都可能成为你的收入来源之一。

　　斯蒂芬妮·奥康奈尔（Stefanie O'Connell）就创建了自己的博客。像许多追寻梦想的年轻人一样，奥康奈尔搬到纽约，成了一位百老汇演员。她还做了一些兼职，但纽约的生活成本过高，这些兼职不足以维持她的生活。于是，她开始创建博客"囊中羞涩"（The Broke and Beautiful Life），用以维持生计，同时分享她掌握的理财技巧。

奥康奈尔开始每周写两三篇文章，她很享受这个写作过程。她意识到，也许可以通过教授他人赚钱技巧来获得收入。几个月来，她一直在自己的网站上写作，但是一无所获。随着经验不断丰富，她发现眼光可以放得更长远，与更有经验的博主建立联系。她回忆道："这些博主的层次不太高，受众不太多。"但他们可以每篇文章支付她 20 美元或 30 美元的稿费，于是她开始投稿，在这些博主的受众中建立声誉。

就她所付出的汗水而言，稿费并不多。不过，她说："之前做演员的时候，我需要等很久才能拿到报酬。所以，即便只是 20 美元，也是可以立马获得的 20 美元。"向其他博主投稿还有一个重要的作用：建立人际网络。她说："我赚了一点钱，除此之外，我还建立了个人声誉，从而成为个人理财界的一员。人们知道了我是谁。"事实证明，她之所以能成为大家认可的个人理财专家，正是最初建立的知名度起到了关键作用。

本章我们将总结奥康奈尔和其他博主的经验教训，看看他们如何利用媒体建立声誉、获得收入。我们将谈论以下几个话题：重视小成功，寻求企业赞助，创建个人文字博客，创建个人视频博客。

重视小成功

在为 20 美元写作时，奥康奈尔发现，如果努力和收入不成正比，她会渐渐感到失望。为了保持创作的动力，她会重视每一次小小的成功。当第一次有人在网站上表示希望为她提供免费的赠品时，她认为这是莫大的鼓励，因为这说明"那个人认为这个网站有价值"。每当有更知名的博主分享她的文章，或是有人邀请她参与播客的录制时，她都会庆祝一番。她说："虽然只是小小的成功，但对我来说，意义重大。"

为其他博主写作是一种进步，但她知道不能止步于此。她必须继续前进，与规模更大、更加知名的发行机构建立合作关系，这样才能确立自己的专家地位。她开始给知名媒体发送自荐邮件，表示可以提供文章。最开始没有收到回信，不过最后，她收到了。《美国新闻与世界报道》（*U.S. News & World Report*）为她提供了一个专栏，她借此提高了知名度。因此，那些刚刚创业的内容创作者开始邀请她撰写文章。稿费并不多，通常一次只有 100 美元，不过她的收入成功增长了 4 倍。

有了大量的博客撰稿经验和为知名平台写作的经历，奥康奈尔认为她已经称得上是千禧一代的理财专家了。于是她继续向电视节目领域进发，她告诉制片人自己擅长谈论哪些话题。不久，《奥兹秀》（*The Dr. Oz Show*）和福克斯新闻频道都邀请她参与电视节目的录制。

通过博客建立声誉没法一蹴而就，从创作第一篇文章到做客全国性电视节目往往需要几年的时间，但是很多人会半途而废。坚持不懈的关键在于重视每一次小小的成功，就像奥康奈尔那样。你要明白，虽然还没有实现目标，但是你仍在进步。曾经有两三年的时间，我每周都会创作多篇博客文章，就是为了等待机会，获得采访或演讲的邀请。

即使你通过建立专家的声誉和做客电视节目获得了社会认同，你也没办法从中直接获得收入。即使每周写很多 100 美元一篇的文章，也很难在纽约过得惬意。单单**依靠**写作获得足够的收入变得越来越困难，不过，**借助**写作获得企业赞助越来越成为赚钱的有效途径。

试一试

可以通过以下方法，开始创建你的博客愿望清单：

√ 如果你想为哪家发行机构写作，可以把这些机构写在愿望清单上。考虑规模较大的发行机构，比如全国性发行平台，同时也要考虑规模较小的机构。你能从哪里开始？你所在的领域是否有地方性发行机构，或者规模较小的专业网站？制定一份阶梯战略，最开始为知名度较低的平台写作，然后稳步前进。以我为例，几年前，我在波士顿启动了咨询业务，在个人博客上发布文章，从而积累了一些证明材料，方便日后展示给编辑（你也可以在领英或媒介网上发布文章）。之后，我接触到了当地的报纸《萨默维尔日报》（Somerville Journal）和商业报纸《波士顿商报》（Boston Business Journal）。你也可以与特定行业的博客、报纸或杂志，或者所在地区的日报（比如，《波士顿环球报》（Boston Globe）或《旧金山纪事报》（San Francisco Chronicle）建立合作关系。最后，当你准备好了，你可以作为外部投稿者为知名发行平台写作，比如（商业领域的）《福布斯》《企业》（Inc.）或商业内幕。到那时，你已有十分丰富的写作经历和证明，发行机构的编辑会认真评估你的材料。

寻求企业赞助

作为一名博主，奥康奈尔被邀请参加了许多企业赞助的会议和活动。大多数参会者坐着聆听演讲、品味美食，但她不一样，她会仔细记录活动的组织架构，以便向赞助方提供她的独特见解。她说："很明显，听完之后公司自然对我的价值做出了判断。我根本不用说服它们，不用解释我能带来哪些新的价值，不用解释我有多么不可或缺。"她通过最简单的方式，与企业建立了联系。

公关人员是企业和奥康奈尔之间的纽带，他们负责邀请她参加活动，她便向公关人员推销想法。有一次，她参加"姐妹茶话会：聊聊理财"（Women in Money Tea），想出了一个适合千禧一代的活动——以个人理财为主题的问答派对。她把这个想法推销给了另一家举办类似活动的企业，这家企业采纳了她的方案。

企业的支付条款通常是私密的、不透明的，所以很难给出精确的报价。奥康奈尔说："最好的方法是询问之前做过这件事的人。只有通过这种方法，才能知道合适的报价范围。"价格协商往往有很大的空间，企业最终支付的价格常常高于它们最初提出的费用。有一次，一家企业以 500 美元的费用邀请她参加一场活动，最终她协商到了 5000 美元。她说："所以我总是说要大胆一点。你迈出一步，就能收获更多的益处。它们有充足的预算，而我们值得这笔费用。"

还有一次，她把一家企业委托的一项研究写成文章，将研究结果制作成视频，分享在社交媒体上，从中赚了 8000 美元。一旦你建立了个人品牌，成为大家认可的专家，只要你再努努力，企业通常愿意与你合作，满足你报的价格。

除非你成为家喻户晓的名人，而非仅在某个圈子出名，否则不可能仅仅依靠企业赞助养活自己。如果你培养并发展与企业之间的关系，企业赞助可以成为你收入的有效补充。《方向不对，越努力越贫穷》的作者亚历山德拉·列维特，就把企业赞助作为收入的一个重要来源，但她通常会同时参与多个企业活动，并通过写作、演讲和咨询获得收入。她说："单就企业赞助而言，我每年的收入都不高于 2.5 万美元。所以我通过多种收入渠道，构建自己的美好生活。"

列维特曾担任多家财富 500 强公司的发言人，这些公司聘请她面向它们的消费者创作内容，以及让她在多家媒体上宣传这些内容。她表示："我不会大谈特谈它们的产品。我谈论的是我经常提到的，比如生产力、创业方法，以及如何采用合适的策略发展业务。"

和奥康奈尔一样，列维特通过在工作中接洽公关人员获得赞助机会。列维特说，企业寻找的是影响力很大的人，这些人可以帮助企业宣传产品和服务。她说："你必须有某种公共影响力。你获得的某次合作机会可能是在为下个合作机会做铺垫，比如说，如果你和施乐（Xerox）有了合作，佳能（Canon）见识了你的能力之后可能就会与你开展合作。"

然而，获得企业赞助的过程非常漫长。列维特说："你可能不会立即获得赞助。和建立其他形式的人际关系一样，最开始只是初步了解，然后慢慢熟悉企业的工作内容，之后找出企业可能需要帮助的地方。"

列维特不会针对自己已有的受众写作，不过有些她不认识的公关人员会找到她，希望针对企业受众写篇文章。她认为这是一个建立关系的机会："如果我认同企业的业务，我就会去做。我不会说'你需要支付 500 美元的费用'。如果我和企业能够共赢，那我就会同意邀请。"

最开始列维特也会把握一些小机会，以此证明自己，并加深人际关系。不久之前，一家公关公司邀请她参加由美国银行主办的推特聊天活动。她说："参加活动获得的报酬不多，不过有机会结识美国银行的员工。我不确定这次活动是否会带来有意义的收获，不过这是个很好的开始……你必须先付出，才能有所收获。这就是人际网络，这就是生活的一部分。"如果想要获得企业赞助的机会，你就得从长计议。

试一试

请思考以下问题，来帮助你获得企业赞助：

√ 记下可能与你建立联系的公关人员。他们为哪些企业工作？根据媒体报道和你被邀请参加的活动，记下你所在领域的哪些企业赞助了哪种类型的活动。你愿意与这些企业合作吗？你能想出哪些类似的活动或方案？

创建个人文字博客

奥康奈尔坚持不懈地为其他网站写博客文章，建立了个人声誉，从而接触到了《美国新闻与世界报道》这样的知名媒体，获得了社会认同，因此吸引到了企业赞助。列维特建立个人品牌的过程相似，她写了五本书，有一段时间还定期为《华尔街日报》撰稿。不过，建立个人品牌还有其他途径：你可以创建个人博客，逐渐培养受众。明尼苏达州的一对夫妇——比约克·奥斯特罗姆和琳赛·奥斯特罗姆就是这样做的。

琳赛喜爱烹饪，比约克回忆道："她最开始用个人社交账号在脸书和推特上分享食谱。慢慢地，她开始想自己是不是更新得太多了，可能会打扰脸书和推特的用户。"于是，在 2010 年 4 月，这对夫妇决定开设博客"缕缕飘香"。琳赛是位老师，她负责创意方面，比如研究食谱、写文章，以及拍摄美食照片。比约克在一家非营利组织的策划部门工作，对网站和商业开发感兴趣，他负责技术方面的工作。

他们并未一举成名。不过和奥康奈尔一样，他们重视每一次的小成功。比约克说："对琳赛而言，这就是场游戏。她会琢磨，如何才能吸引人们评论？如何才能一天获得 100 位访客？她通过这些小目标不断前进。"在两年的时间里，他们定期更新博客，但是每天只有 1000 位访客。不过两年后他们的努力终于有了回报：他们的博客在搜索结果中的排名不断上升，他们编写了各种美食的食谱，人们开始通过谷歌和缤趣（Pinterest）主动关注他们的博客。

比约克说："创建个人博客的前一两年，你需要为今后的发展
奠基，你需要努力提高用户的参与度，提高网站的知名度。在基础
稳固之前，你不应该过分在意收入，否则有可能分散你的精力。"换
句话说，你应该先创作出优质内容，之后再考虑赚钱的事情。

转化不断增加的受众

截至 2016 年，也就是奥斯特罗姆夫妇创建博客的第六年，他们
每月的独立访客数接近 300 万人，这是个庞大的数字。我最近访问他
们网站的时候，还看到侧边栏有《纽约时报》、史泰博公司（Staples）
和好订网（Hotels.com）的广告。不过比约克意识到，不应该把承接
广告作为赚钱的主要策略："问题在于，随着广告的有效性降低（因
为消费者信息过载），其盈利潜力也在下降。长远来看，展示广告并
非盈利的最佳方式。"

大多数互联网初创者很难获得承接广告的机会。比约克表示，
每月的独立访客数超过 10 万人，你的博客才可能吸引广告商的注
意。即使这样，价格也较低。如果一个美食博客能达到这样的访客
数量，每个月可能获得 500 美元的收入。至于其他领域的博客，比
如个人理财领域，收入可能稍微多点。他说："这取决于你所在的领
域。人们会网购大量食品，但是可能不会在网上购买那么多其他的
东西。"总而言之，不应该把承接广告作为获得收入的主要来源。

与奥康奈尔和列维特一样，奥斯特罗姆夫妇的一个收入来源是
企业赞助——企业会赞助他们的博客文章。比如，琳赛把食谱发在
博客上时，会提到某个品牌的糖，并在文章顶部提到赞助商的信息。

他们的另一个收入来源是合作商的推荐费。正如帕特·弗林通过智能被动收入网站赚取推荐费一样，奥斯特罗姆夫妇每月可以通过"缕缕飘香"博客赚取数千美元的推荐费。比如说，他们写了一篇关于"如何创建美食博客"的文章，十分详尽地介绍了各个步骤。第一个步骤中建议保护域名安全，并介绍相关的方法。他们详细地介绍了这个步骤，并提到了可以提供这项托管服务的企业，根据注册该托管服务的用户数量，他们会收到相应的推荐费。

对缺少经验的人来说，"通过博客赚钱"听起来只是单一的收入来源。但是通过奥斯特罗姆夫妇的故事可以发现，一旦拥有了受众，你就可以通过这一个渠道引申出多种获得收入的方式。除了通过陈列式广告、文章赞助和营销联盟获得收入，琳赛还写了一本广受欢迎的电子书，专门介绍美食摄影。而且，他们已经开始就美食摄影这个主题开设讲习班，从中获得了数万美元的收入。

与弗林和杜马斯一样，比约克在"缕缕飘香"博客上用心分享他对网络营销的感悟。2011 年 9 月，也就是博客创建一年半后，他开始发布月度收入报告。那个月，博客的广告收入只有 21.97 美元。但是在五年多之后，博客的月度收入已经完全不同，仅 2016 年 11 月这一个月，收入就超过了 9.5 万美元。这个数字超过了大多数教师或非营利组织员工全年的工资。比约克说："每天都进步一点，长久下来确实会大不一样。"[1]

试一试

√ 如果你开始在个人博客上写文章，可以思考如何将其转化为收入。你适合通过哪种形式赚钱？陈列式广告？赞助文章？营销联盟收入？还是售卖电子书？请至少选择一种渠道。

√ 请深入了解你选择的一个或多个收入渠道。

√ 如果你选择陈列式广告，你是否希望广告出现在你的网站页面上？广告是否会损害读者的整体阅读体验？一旦选择这条渠道，你需要研究如何申请谷歌的广告项目，或者其他承接广告的途径。

√ 浏览其他博主的网站，看看你所在的领域有哪些企业赞助了他们。如果你的博客每月的网页浏览量能够达到要求，这些企业将是合适的合作伙伴。

√ 思考你的博客适合推销哪些产品（根据你的判断），以便与生产该产品的企业形成联盟。你将如何介绍这款产品，突出产品的优势？是否可以附上购买链接？

√ 你用电子书的形式介绍什么内容会吸引读者的兴趣？有没有什么内容太过复杂，无法在一篇博客文章中说清，比如技术相关的内容，或其他类似的内容？如果有的话，电子书这种形式会是合适的选择。

创建个人视频博客

第一个文字博客创建于1994年。之后的十多年里，网速依旧很慢，录像设备又很贵，因此阻碍了大多数人创建和分享视频。[2]终于，2006年油管诞生，网络逐渐普及，之后使用智能手机录像又十分方便，现在任何人都能制作视频，分享自己的想法。

正当安东尼奥·森特诺（Antonio Centeno）寻找方法推广在线服装定制服务时，他发现了视频博客的用处。他回忆道，他看到了这个商机。"当时我开了一家服装店，但是我对时尚一无所知。"于是，他阅读了所有他可以找到的相关书籍，消化吸收其中的时尚知识，并开始在博客上发布关于男性时尚的相关文章。很快，他意识到，如果把文字内容以视频的形式展示出来，他能吸引更多的潜在客户。

他说："最开始，我在我家的地下室制作视频。前 100 个视频糟透了，不过我从中总结了经验。"和奥斯特罗姆夫妇一样，他意识到坚持不懈是成功的关键。"在制作了 200 个视频之后，播放量终于达到了 100 万次。"

回想起自己在频道发展的关键时期降低了更新频率，森特诺至今还很后悔："我本来一天发布一个视频，坚持了大约 200 天。但是在发布了 220～230 个视频后，我放缓了更新速度，一个月只发布两个视频。我真的很后悔。如果能够保持一天一更的速度，这个频道的规模会是现在的两倍。"

知名生命教练玛丽·弗里奥（第二章提到过她）的收入达到八位数，她认为主要原因是坚持定期更新视频博客。她在 2013 年告诉《福布斯》："在开设'玛丽频道'（MarieTV）之前，我没有定期发布博客或发送电子邮件的习惯。以往我会不时地活跃于网络社群，很少超过 10 天不与受众交流。不过，在我开始每周二定期发布作品后，事情发生了变化。两年半的时间里，我每周都会定期发布作品，促使网络社群快速扩大。"[3]

森特诺意识到，他可以通过视频博客推销商品，于是他重新思考定制服装的销售模式。他说："我们的业务越做越大，销售额达到非常可观的六位数。然后我突然发现就要亏损了，我们无法继续扩大销售规模。"他意识到，也许可以把提供时装信息作为工作重点，毕竟他的视频博客有较高的播放量。

通过视频博客获得收入

初涉视频博客营销时，森特诺感觉无从下手。从某个公司收到样品后，他就需要构思商品的点评，可是他还有一份全职工作（运营他的服装定制公司）。有一次，一家公司寄给他一双鞋，希望他帮忙宣传。"它的工作人员每个月都给我发电子邮件，询问鞋子点评的进展。我感觉非常愧疚，它免费送我鞋，可我什么都没有产出。"

森特诺意识到两件重要的事情。一，他不想仅仅为了获得免费的商品而做商品点评。他说："工作和家庭总是很难平衡。我没法陪伴家人，就因为我需要点评这些免费的鞋子。"二，他的平台足够大，可以开展收费业务。于是他决定停止服装定制业务，全力开展信息营销。他的信息营销主要通过油管频道"男人的品味"（Real Men, Real Style）开展。截至 2017 年 4 月，该频道已有将近 130 万个粉丝，视频播放量达约 9400 万次。

森特诺估计他收入的 25%～30% 来自广告，尤其是文章赞助和商品点评。他说："广告商意识到，我们在时装领域有大量受众。如果它们付 5000 美元，我会写一篇点评文章。如果付 1 万美元，我会写一篇视频文案，用电子邮件群发宣传文章，并在社交媒体推广商品。"他说，他希望即使在文案中写明赞助商，这篇文案"也不像是商业广告，95% 的内容都是可靠信息"。

比如，他曾在个人网站上传了名为"双扣孟克皮鞋的终极指南"（Ultimate Guide to Double Monk Strap Dress Shoes）的文章和视频，详细地介绍双扣孟克皮鞋。在博客最上方，他写明，"本文信息丰富，由保罗·埃文斯制鞋公司（Paul Evans）赞助"。森特诺写道："我个人有一双孟克鞋，非常推荐大家购买它家的鞋，质量很好。"紧接着，他详细介绍了这款鞋的风格由来、配色，并给出了搭配西装和休闲装的建议，例如："你可以上身穿白色 V 领 T 恤和夹克，下身穿蓝色牛仔裤，再搭上一双棕色麂皮双扣孟克鞋。"[4]

和奥斯特罗姆夫妇一样，森特诺也通过亚马逊联盟营销计划和电子书销售获得收入。此外，他还制作了一门课程，详细介绍男士时装，课程费用为数千美元。不过，他最具创新性的举动，可能是与其他几位男士时装博主成立了广告营销网"影响力联盟"（MENfluential）。他们聘请了一位员工，向男装公司宣传影响力联盟。由于这个联盟中有各个层次的博主，所以广告商愿意与他们合作。比如，如果广告商认为森特诺的费用过高，联盟可以推荐另一位粉丝稍少的博主与广告商合作。森特诺说，联盟成立后，"我们在圣诞节期间也会非常忙碌，从 10 月中旬开始往后的三个月都安排了广告合作"。

森特诺在油管上的影响力巨大，不过他也意识到油管粉丝的忠诚度不高。"在当今的社交媒体时代，我在这些平台上不具有控制权。我一直都知道，我可能失去在油管上承接广告的机会。所以我的目标一直都是引导油管粉丝加入我的邮件列表。"他写了一本电子书《时尚七宗罪》（*7 Deadly Style Sins*），这本电子书十分受欢迎。凭借这本免费的电子书，10 万多名用户订阅了他的电子邮件。通过电子邮件，他能直接与受众交流。

虽然他对油管平台持谨慎态度，但是他仍然清楚视频的力量。他说："我发现视频是销售的绝佳途径。通过视频，受众可以看出我是真诚的，我说的话是可信的。唯有通过视频，我才可以和受众建立最紧密的联系。"

试一试

如果你正在考虑视频博客是否适合你，你可以试试下面的方法。

√ 列出至少五个你所在领域的视频博主。观看至少三四个他们最受欢迎的视频，以了解他们的视频风格、制作视频的策略，以及有效模式。思考哪些因素值得模仿，以及你可以做出哪些创新。

√ 如果你发现你对制作视频感兴趣，制作一份日程表，列出至少 20 条事项（比如你可以构思视频的主题）。坚持更新很重要，定期发布视频有助于吸引受众，也有助于积累经验，从而获得进步。

√ 仔细思考如何让你的视频脱颖而出。你可以只是重复博客文章中的观点，但是如果你能通过可视化的方式，借助演示、实体展示和图表表达自己的观点，会给观众留下更深刻的印象。

第八章

开展面向粉丝群体的活动

　　有些特殊的学习和社交方式只有在群体环境中才会生效。通过演讲、播客、博客，或者面向客户开展个人教练、咨询业务，你的粉丝群体将慢慢扩大，你可以利用个人力量将他们组织起来。

　　在考虑活动规模或费用之前，应该先扩大自己的粉丝群体。如果你浪费大量时间为活动凑人数，投资回报率会大打折扣。然而，如果你有足够多的受众，或者活动规模小但受众参与率高，举办现场活动将会是一个获得收入的有效方式，活动参与者也将获得独特且有意义的体验。实现这一目标的方法包括策划一次智囊团活动，组织一次会议，或者举办一场线下研讨会。（我们将在第十章讨论如何创建成功的在线社群。）

策划智囊团活动

"智囊团"由专业人士组成，人们在其中互相分享观点和商业经验。大多数人都是通过拿破仑·希尔（Napoleon Hill）的经典著作《思考致富》（*Think and Grow Rich*）首次了解到"智囊团"这个概念。《思考致富》这本书虽然已经有些过时了，但"智囊团"的概念仍有借鉴意义。有一小群可靠的同伴愿意质疑你，对你寄予厚望，帮助你渡过难关，这是最能磨砺你思维的方式。

有些智囊团的组织者知道他们在这个团体中可以收获友谊，获得思维的碰撞，所以不向参与者收取任何费用。不过，如果想要组织、运营和维护一个智囊团，使其一直蓬勃发展，仍需要付出很多心血。这就是为什么付费型的智囊团已发展为一种成熟的商业模式。

请注意，尽量不要把创建智囊团作为你的首个创业活动。你需要通过咨询或辅导业务培养某个领域的专长，才能自信地率领一个团体。如果想要吸引人们参加这种小团体（通常收费高昂）的活动，你至少需要拥有一小群对此感兴趣的粉丝。一旦有了这样的基础，运营智囊团将不再是纸上谈兵。

当我觉得我的粉丝群体已经足够坚固时，我决定组织一次独特的"智囊团活动"，看看我的粉丝是否会对这种活动感兴趣。参与者在活动的前一天晚上会共进晚餐，然后在我纽约的家中度过一天，分享他们工作中遇到的困难，其他人则会提供建议。

最开始，我给正在开设的在线试点课程的 46 位学员发了一条信息。我知道许多学员都曾表示希望能在线下见面。然后，我设置了一个在线投票，看看谁对聚会感兴趣。我发现不少人愿意参加聚会，于是敲定了线下见面的日期。然后又给他们发送了一封电子邮件，要求确定当天能否参加聚会。我向每人收取 1000 美元的费用，在两天内共收到 8000 美元。之后我又给六个人专门写了封电子邮件，敲定了最后的两名参与者。总之，我花了大约一小时组织了一场收入 1 万美元的活动。这场活动只需要我在家工作一天，无须在路上奔波。

莱恩·莱韦斯克（Ryan Levesque）是一名营销顾问，他通过调查和询问来帮助识别在线业务的潜在客户。他和我一样，组织了一场小型的线下试点活动，以此来探索策划大型智囊团活动的可能性。莱韦斯克还是《反直觉询问：引爆线上销量的询问式营销技巧》（ *Ask: The Counterintuitive Online Formula to Discover Exactly What Your Customers Want to Buy* ）一书的作者，他回忆道："我们三人创立了一个小组，其中可能包括八位创业者。大家在一个房间里待了两天，没有具体安排，只是畅所欲言，讨论面临的当务之急。人们参与这个活动，有一个小时的时间专门讨论各自的业务……没有条条框框……也不考虑细枝末节。"

通过这次临时活动，莱韦斯克明白，他需要把活动事项安排得更密集，也应该提前规划活动。于是他决定成立一个上限为 40 人的智囊团。智囊团每年在得克萨斯州的奥斯汀（也就是莱韦斯克居住的城市）举行三次活动，每次为期三天。不举行活动的时候，他们每周都会通过电话和线上社群分享遇到的问题、取得的成就和面临的困难。

线下活动旨在将参与者从日常生活中解放出来，大家在一起享用健康菜肴，上午讨论业务问题，下午和晚上参加"体验式"活动，比如掷斧子、酒吧竞猜和卡拉 OK，使参与者的联系变得更加紧密。莱韦斯克最初把费用定为每人每年 3.5 万美元，后来又决定把费用提高至 5 万美元，但为了鼓励报名，早鸟价仍旧是 3.5 万美元。

从理论上讲，运营团体项目带来的影响力和盈利潜力都是巨大的。对于一对一的教练业务，如果没人找你，你可以暂时搁置这个业务，也不会面临任何风险。但是团体项目不一样，运营团体项目的时候你会面临许多困难，你需要尽早找到参与者，确保项目能取得成功。那么，如何招募到早期的参与者呢？

莱韦斯克主要的工作就是教授他人如何进行消费者调研，所以他十分清楚如何找到活动的参与者。他说："如果你的智囊团只有两个人，那简直是在浪费你的时间。"他讲述了他起初分析受众兴趣的方法。他会给自己的受众发送一封电子邮件，表示经常有人询问他是否可以与他建立更紧密的联系。紧接着，他会描述活动的构想：每年开展三次线下活动，每周电话沟通，还设有一个专门的线上社群。

莱韦斯克写道："活动初期只有 20 个名额，如果你感兴趣，活动就会继续开展下去。如果你希望获得一个名额，并在活动开启前收到通知，那就点击下方的链接支付 100 美元定金，而这笔钱是完全可退回的。如果你改变了主意，或者智囊团活动还未启动，你可以退回定金。点击链接，我才能借此判断谁真的对这个活动感兴趣。如果感兴趣的人足够多，我就会继续运营这个活动。"

基于上面的表述，莱韦斯克其实并未向受众做出明确的承诺。如果他最终没有成立智囊团，受众也不会觉得真心错付，或是被背叛。通过收取受众的费用，虽然 100 美元的定金比 3.5 万美元的最终费用要少得多，但他能借此确定谁很重视这个活动。等到有足够多的参与者加入时，他就可以正式发布这个活动，这样既能充分了解受众的意愿，也能得到足够的收入。（如果想要了解其他专业人士的详细建议，可以浏览本章末尾的"如何开展自己的付费型智囊团活动"。）

试一试

如果你在考虑运营智囊团活动，可以思考以下内容：

- √ 谁会对参加这个活动最感兴趣，也就是谁会成为你的目标受众？你希望讨论一系列的热门话题，还是围绕某个主题讨论？选择哪个主题？试点活动该如何收费？描述一下这个活动，篇幅至少半页长，但别超过一页。
- √ 写出 10 ～ 20 个理想目标受众的名字。给他们发一封简短的电子邮件，并附上对智囊团活动的描述。询问他们是否愿意提供反馈，以及是否有兴趣参与活动。如果他们的回复总是拒绝，你需要根据建议去修改活动计划。如果有很多人都给出了肯定回答，你就可以敲定活动日期，开始兑现你的承诺。

组织会议

如果参与者多次参加莱韦斯克组织的智囊团，那他们在支付了高昂费用后，可以在一年或者更长时间内收获丰富的体验。不过你也可以为粉丝提供短期活动，并从中获得可观的收入。我曾在社交媒体营销年会上免费发言，只为有机会与各位演讲者和朋友们见面。根据购买门票的时间，观众需要支付 850 ～ 1600 美元不等的费用。2016 年共有 3000 人参会。会议组织者没有向演讲者支付费用，所以整场会议的收益很高。

据大会组织者迈克尔·斯特尔兹纳（Michael Stelzner）透露，收益高的秘诀在于他早就结识了一些作家。斯特尔兹纳在之前任职的公司里教授人们通过撰写白皮书赚钱，而那些失业的新闻撰稿人正需要了解这一赚钱途径，所以他接触了不少擅长写作的人。在21 世纪头 10 年的晚期，他意识到社交媒体即将流行起来，于是询问一些作家是否愿意为他的新网站社交媒体面面观（Social Media Examiner）免费撰写长篇文章。

提高知名度的承诺通常不那么吸引人，但是对这些作家来说，意义又有所不同。有关社交媒体的文章大多缺乏深度和见地，人们希望看到专业性的文章。很快，这些作家因为专业能力强而广受认可，"社交媒体面面观"网站也就自然而然地吸引到了大量粉丝，仅在 2015 年，就有 25 万人订阅了该网站。有了这么多的粉丝，提高知名度的承诺不再是空头支票，也就不难找到免费写作或演讲的志愿者了。

和我一样，许多演讲者有时会为了见到朋友或者偶像而报名参加活动。这也是"智慧分享会"（Mastermind Talks）的创始人杰森·盖尼亚（Jayson Gaignard）在会议界取得出人意料成就的原因。

2012 年 8 月，盖尼亚陷入了困境。虽然他在加拿大创立的门票转售业务十分成功，但他并不热衷于体育运动或者现场音乐会，所以他不喜欢这个业务，打算抽身而退。当时他负债 25 万美元，需要抚养一个 6 个月大的孩子，还需要筹备一场婚礼。因为照顾女儿，他的作息经常不太规律，所以那天蒂姆·费里斯凌晨 4 点给他发邮件的时候，他还醒着。

《每周工作 4 小时》的作者费里斯是盖尼亚的商业偶像。几个月后，费里斯将发布他备受期待的第 2 本书《4 小时成为厨师》（The 4-Hour Chef）。不过这本书估计很难大卖，费里斯和亚马逊签订了出版该书的协议，但是如巴诺书店（Barnes & Noble）这样的实体书店却拒绝备货以示抗议，所以费里斯需要想点新招来提升新书的销量。一向喜欢熬夜的他在凌晨时分向邮件列表发送了一封邮件，里面介绍了一桩特别的交易：如果你花 8.4 万美元预购他的 4000 本新书，他将为你或你所在的组织举办两次主题演讲。

虽然预购费用昂贵，但是盖尼亚知道很快就会有人闻讯而来。他想："这个交易对任何人来说都是极好的机会。"所以，他立即给费里斯回了一封电子邮件，表示同意了交易条件。盖尼亚说："我大概只有两天的时间筹集 8.4 万美元，最多也要在三天内筹集到这笔钱。"他不知道如何筹到这笔钱，更不知道如何说服费里斯等他几天，不过他觉得自己总会想到解决办法。那天，他联系了三个可能会帮上忙的朋友。第一个朋友想要谈谈还钱的时候应该支付多少利息，但是盖尼亚没时间谈这种事情。第二个朋友对更复杂的东西感兴趣，想趁这个机会一同开展一项业务。但是盖尼亚顾不了这么多，他只能专注于一件事情，那就是筹集资金。

最后，盖尼亚给他的第三个朋友打电话，这个朋友说："明天来我的办公室，我可以给你银行支票。"他们没有签订借款合同，也没有留下其他字据。盖尼亚的人际网络发挥了作用。在成功拿下交易后，盖尼亚打算借助费里斯的人际网络，通过费里斯的朋友和粉丝获得更大的影响力。

盖尼亚知道，费里斯是商界备受推崇的大人物，许多知名人士都希望挤进费里斯的交际圈。盖尼亚意识到，他可以从头开始策划一场大型活动，而费里斯将是其中的关键人物。盖尼亚说："我可以让那些希望与费里斯搭上关系的人发言，也可以让那些已经与费里斯搭上关系但尚未在线下见面的人发言。这场活动将成为他和他的朋友重新建立联系的绝佳机会。"最终，许多知名人士作为演讲者出席了这场活动，比如设计师马克·埃科（Marc Ecko）、作家瑞安·霍利迪（Ryan Holiday）、作家詹姆斯·阿图彻（James Altucher）和作家 A.J. 雅各布（A. J. Jacobs）。

盖尼亚还设置了一个小小的奖金激励措施——最佳演讲者将获得 2.5 万美元，此举旨在促进竞争。他回忆道，其中一位演讲者"实际上当时可以参加另外一场活动，从中可以获得 3 万美元的演讲费用，但是他推掉了那个机会，就是为了来'智慧分享会'竞争 2.5万美元的奖金"。不过这位演讲者最后还是输了。但盖尼亚组织这场活动就是为了帮助演讲者结识其他精英，建立人际网络，这位演讲者显然意识到了这一点，所以认为值得一搏。

决定参会费用

接下来，盖尼亚需要考虑向参会者收取多少费用。他曾经有过转售体育赛事门票的经历，但他起初还是无法确定收费标准。毕竟，这是他第一次组织自己的活动。

盖尼亚知道，参会费用越高，会议的排他性就越强。如果费用很高，他将有更充足的空间去选择合适的参会者。但是他不了解收费的惯例，所以不知道定价的上限。万一没人想要报名参加这个活动呢？

几个事业有成的朋友建议他每张门票最多收取 1000 美元，但他决定做个对比测试。他以不同的价格售卖同一张票，以此判断门票定价的上限。结果证明他的朋友的建议是错误的。

盖尼亚说："我想要挑选一些合适的观众。幸运的是，虽然把门票定在了 3300 美元，仍然有同样多的人报名参会，而且他们是综合素质更高的专业人士。"最终，4200 人愿意花费 3300 美元参加他组织的第一场活动，大家都期待见到费里斯和其他的知名演讲者。他从中挑选了 150 人，通过电话的形式与他们沟通，审核他们的真实情况，以确保他们能为这次活动增添活力。盖尼亚说："我希望能和一小群人共同完成一件事情，获得超出预期的体验，并通过镜头记录下来，之后就不用再推销这个活动了。"

盖尼亚已经组织了多次"智慧分享会"，不过他仍然可能随时暂停这个活动。他说："如果这一年我已经组织过这个活动，那我就不会立马组织下一次。活动结束后，我会静下心思考是否还想再组织一次。"无论是对他还是对观众，他都不希望活动变得枯燥又重复。

　　盖尼亚说："如果总是在同一个地方用相同的形式组织活动，那就很容易让人们去比较这些活动。比如，人们会说，'第一年的活动要比第二年的好'。不过我们现在举办的是巡回活动，每次的场地、设计不同，所以观众每次的体验都不一样。现在的工作量更大，要是今年还在去年的场地举办活动，那我一个周末就能完成活动策划……有句话说得很好，'成功之路畅通无阻，因为加倍努力的人不多'，好多人往往忘记了这一点。"

　　除了每年更换场地（从多伦多到加利福尼亚，以及沿线的一些城市）盖尼亚还把价格提高了一倍多。他在 2016 年组织的"智慧分享会"向每人收取 7500 美元，这与当时国际知名的 TED 会议收取的 8500 美元几乎一样多。"智慧分享会"从一开始就吸引了成百上千位的申请者，因此很容易就可以开放参会资格，快速扩大规模。但是盖尼亚认为，这样做会毁掉这个活动最特别的地方。他说："这个活动的独特之处在于成员之间的密切联系。所以我没有扩大活动规模，而是每年提高价格，同时对参会人员的水平提出更高的要求。"

　　在筛选参会人员的时候，盖尼亚的一个做法是对新的申请者开展细致入微的私人谈话。盖尼亚表示，在组织第一场"智慧分享会"的时候，如果他认为有些申请者不符合要求，那么他就会退还申请者已经支付的 4.8 万美元。不过盖尼亚也采取了一些特殊的措施，他会筛选参加过活动且有意愿再次参加的人员，同意他们继续参加活动。他说，"我们一向只允许三分之一的参会人员再次参加活动"，以便保持会议的新鲜感。比如说，2015 年有 107 人申请再次参加在纳帕举行的会议，但最后只给他们留了 45 个名额，盖尼亚在挑选的时候感到难以抉择。

　　盖尼亚对活动层层把关。他说："我有一千个理由可以拒绝某人参会。如果有人弄虚作假，他们的言谈举止与真实身份有所不符，那我就会拒绝他们参会。我今年遇到了一个人，他事业有成，但是为人不够谦虚。他参加过一次活动，却表现得无所不知。"不过有时候就是没有充足的名额让所有有意愿的人都能参加。他说："这就是组织这个活动最令人无奈的地方，我需要和 60 个人谈话，告诉他们为什么不能继续参会，这太难了。"

　　不过，在这种商业模式下，盖尼亚最终策划出了一场利润丰厚的活动，而他则是这个活动的唯一负责人。这场活动让参会人员建立起了更紧密的联系，而盖尼亚则成功地成了商界的中流砥柱。

试一试

　　如果你对策划会议感兴趣，请思考以下内容：

- √ 列出你参加过的最好的和最差的会议。你最喜欢或者最不喜欢这个会议的哪个方面？喜欢或者不喜欢的原因是什么？如何才能组织一场反映你的个人偏好和价值观念的活动？如何使得你组织的会议在市场上独树一帜？

- √ 如果你有兴趣组织一场会议，那么现在就可以开始规划这场会议的具体细节。你会在哪里组织这场会议？会议时间是什么时候？会议规模要多大？邀请哪些嘉宾？会议是否有一个总主题？参会人员能够从中收获些什么？这场会议与市场上的其他会议有什么不同之处？

√ 一般情况下，在正式行动之前，应该先定好价格。你所知道
的细节越多越好，这样你就可以做出明智的决定。会议中
心的租金是多少？食物和饮品如何？在酒店预订房间需要什
么？需要提前多久预订房间？如何取消预订？你会花多少钱
邀请你最想邀请的演讲嘉宾？通过几个电话你就可以有一个
大概的估计，然后你就可以确定是否组织会议以及何时开始
组织会议。

组织线下研讨会

莱韦斯克如今仍在运作着智囊团，而盖尼亚每年都会组织一次
"智慧分享会"，邀请一些演讲嘉宾，帮助大家建立联系。不过还有
一种模式可以让你获得收入，那就是邀请你的粉丝参加线下的培训
和研讨会。

《磨炼自我》的作者迈克尔·波特最开始是纽约大学的专业演
员。他在舞台上的表现十分出色，擅长演讲和展示。但是多年来，
他一直没有意识到自己可以通过帮助他人演讲和展示来创业。后来，
不少人希望他可以开展公开演讲的辅导业务，他自己也注意到了这
一点。

波特说："《磨炼自我》的读书社群中的许多人都开展过演讲活
动，一部分人开展的演讲活动十分专业，而大多数人演讲则是为了
扩大知名度，以便后续开展业务。我想试着开展一些公开演讲的辅
导业务。"起初，他开设了为期一天的公开演讲高级讲习班。他发现

这个讲习班广受好评，于是就把课时延到了两天。他需要确定人们真的对这个讲习班感兴趣。他粗略计算了一下，"大概在一年半的时间里，我开设了 8 个高级讲习班"。

在发掘了这种公开演讲培训的需求后，波特做了一系列与之相关的事情。2015 年，他出版了一本新书《演讲的技术》（*Steal the Show*），书里分享了他的演讲方法，用来吸引关注和业务机会。他还围绕"主角式演讲"这个概念创建了一个价格 500 美元的在线课程，并且举办了一场大型的年度活动，入场门票价格从 1000 美元到 6000 美元不等，具体价格取决于参与者选择的套餐类型。在举办年度活动的第一年，波特邀请我在专题讨论小组上陈述该如何开展专业演讲业务，我分享了本书第五章概述的一些策略，比如创作内容以吸引演讲机会。

在线下聚会中，波特分享了他的演讲方法和最佳练习材料，营造了一种团队成员情谊深厚的氛围。他还能直接向他的理想客户，也就是参加聚会的各位成员，推销他们可能感兴趣的后续项目。其中一个项目叫作"毕业生计划"，定价高达 2 万美元，项目持续四个月。参加该项目的学生需要前往费城并在那里住 16 天。波特租下了一家有多个表演区域的剧院，学生每次都会花几天的时间来排练演讲。他说："我们模仿了音乐学院的模式。"首次开展这个项目的时候，20 人申请参与这个项目。如果你的粉丝群体足够忠诚，你把这些粉丝聚集在一起就能创造丰厚的回报。波特说："我们在（主角式演讲）活动现场宣布了这个项目，名额立即被抢购一空。"

波特还认为，通过不断地推出新项目，可以让团队成员一直保持浓厚的兴趣。(如果一些项目没了新意，就要暂停这些项目。比如之前在第四章的教练和咨询业务部分，他取消了智囊团项目的线下交流部分。)他说："当人们看到相同的项目内容时，他们会开始觉得厌烦。但是如果出现了一些新的项目，他们就会感到新奇。"

波特在 2016 年夏天与他的朋友迈克·米夏洛维奇(波特和我都曾参加米夏洛维奇创立的演讲者互荐小组)一起为有雄心壮志的作家举办了一个为期五天的旅修营。波特和米夏洛维奇在切萨皮克湾租了三处房子，20 位参与者每天聚在一起认真讨论自己的出版物或者出版策划书。参与活动的费用很高，每人需要支付 1 万美元，不过参与者也可以收获丰硕的成果——当活动结束的时候，参与者能够完成他们的出版策划书。

波特说，策划新项目能够让人们持续地关注你组织的活动。他每年都会策划一两个新项目，策划这些项目并不需要构思太多新内容，因为他对这些项目的主题十分了解，比如写书。他说："如果某个活动的反响很好，我们会再举办一次。"(不过组织现场活动不一定容易。如果你想到了一些可能遇到的困难，可以参考"组织现场活动的难题"专栏。)

试一试

如果你想组织线下活动，可以思考以下问题：

√ 人们经常向你寻求哪些帮助？通过现场教学是否可以满足人们的需求？

　　√ 你觉得现有的哪些活动已经过时？是否应该停止举办某些活动？

　　√ 今年是否可以开展一两个新的项目或者活动？如何确定受众
　　　对该项目或者活动是否感兴趣（电子邮件调查法、焦点小组
　　　讨论法或者试点法）？

组织现场活动的难题

　　乔丹·哈宾格如今已是一位知名的播客创作者，这要归功于他的《魅力艺术》播客节目。该节目主要讲述如何有效地利用肢体语言、游说能力和个人魅力。（最开始，该节目主要教授约会和处理人际关系的技巧，后来发展为教授如何在职业环境中应用上述技能。）

　　在 21 世纪头 10 年的晚期，播客还没有流行起来，那个时候哈宾格还只是一个有业余爱好的华尔街年轻律师。他回忆道，当时发生了一件令人惊讶的事情："我收到了一些电子邮件，有人希望我能当面教授播客节目里讲的内容。"他说："我当时想，'不行，我还有正式工作呢，没时间弄这些事情'。"不过随着恳求的声浪越来越大，他最终也就同意了。

　　最初，对于一个下午的课程，哈宾格和他的合作伙伴只收取 100 美元。但是商学院的一位朋友强烈要求他们收取更多费用，他们就提高了价格。如今，该项目已经发展成一个为期一周的住宿项目，地点在洛杉矶，参加费用 6000 ～ 8000 美元不等。

　　线下活动的利润可能异常丰厚。不过经哈宾格提醒，举办线下活动并不容易。他说："我喜欢现场培训，教练们也喜欢现场培训。但是运营一项活动远比人们想象中的难。当你雇人来工作时，你要

确保他们坚守岗位、遵守约定、手脚干净，不会做错事情给顾客带来不好的体验。他们不是负责人，所以可能对有些事情不上心，你需要适时出现，以便及时补救。如果你病了，就需要调整自己或者其他人的安排，就像演出需要换人上场那样。人们都希望你提供的服务能超出预期。这样的想法很好，但是问题在于超出预期的可能性很小，而且超出预期非常困难。"

哈宾格开展的业务十分成功，业务价值达到了七位数。即便如此，哈宾格仍然表示："如果我要再运营一次活动，我会想尽办法不做现场培训。比如说，每次运营训练营的时候，每周都会有人航班延误，我们必须考虑到这种不确定因素。有可能某位教练生病了，有可能床坏了，也有可能烤架坏了没法做饭，我们必须处理这些突发情况。"

偶尔举办现场活动可以有效地补充业务内容，也能令受众心满意足。约翰·科克伦（John Corcoran）是一位律师，十分擅长联盟营销，他已经组织了几次高端的旅修营，每次向每位参与者收取4000美元的费用。他说："我真的很喜欢组织这样的活动，我感觉这是对我其他工作的补充。我喜欢旅行，但是有了孩子之后就不常去旅行了，所以我一直想去那些美丽的地方。"他想去奥斯汀和纳帕，所以在这两个地方都举办了活动。他打算在愿望清单上记下想要举办活动的地点，比如古巴和内克岛（内克岛是理查德·布兰森（Richard Branson）的私人度假胜地）。

在哈宾格运营的活动中，每周都会有一批新人加入，时间久了会让运营者感到筋疲力尽。他说："我不会特别建议人们开展现场培训业务。运营现场活动太过复杂，要想成功很难……要知道，还有很多其他的谋生方式。不要尝试做现场活动。真的太难了。"甚至科克伦也决定不再单独举办旅修营，而是将其纳入到他正在策划的智囊团活动中，这样策划活动和邀请参与者就会变得轻松一点。

现场活动可以是有趣的，也可以是有利可图的。不过在你开始策划活动之前，一定要考虑到活动所涉及的后勤工作，并确保你已做好充分准备。

在本章中，我们已经探讨了组织粉丝参加各种形式的现场活动的效果。组织线下活动是一种无可比拟的社群建设方式，但是后勤保障工作却挑战重重，一些才能出众的专业人士产生了疑问：有没有一种更简单的方式可以创造有意义的学习体验？其实是有的，在线课程就可以达到这样的效果，这也是我们下一章要讲的内容。

如何开展自己的付费型智囊团活动

莉兹·斯库利（Liz Scully）是在巴基斯坦长大的爱尔兰女性。她现在的工作没有地点限制，常常往返于纽约、伦敦和科罗拉多之间。她的主要工作就是运营智囊团活动，帮助业务负责人解决他们的棘手难题。有的时候她会独立开展活动，而有的时候则是帮助高级作家筹办活动，或者为那些只想赞助活动、却不想管理日常琐事的企业家筹办活动。在过去的五年中，她组织了许多活动，为了确保活动效果制定了许多策略，也摸索出了一些最佳做法。斯库利表示，要想成功，你需要做到以下几点。

规模适中。智囊团的规模不必太大，一般来说也不应该太大。斯库利说："我比较希望智囊团有四个人，但是我运营的智囊团一般有三到六个人。"为了满足客户的要求，智囊团也可以多达八人，但"这有点勉强"，她还是希望智囊团中的每个人都有机会畅所欲言，他们的发言也都能被听到。

频率合适。开展智囊团活动的频率没有固定要求，具体频率取决于实际需求。斯库利更倾向于每两周组织一次团体活动（时长为两小时的网络研讨会，来自世界各地的用户都可以加入）。她说："保持这样的频率就能有足够的时间去设定目标并付诸行动。"某些类型的团体活动可能更适合多开展几次，比如，如果你在试着写书或者减肥，每周参加一次活动可以督促自己保持进度。但是有些资深的专业人士参加的团体活动可能涉及策略层面的事情，这种事情在一两周内不可能发生明显的变化，所以更适合每月组织一次活动。

价格恰当。斯库利说："大多数专业运营的智囊团活动每月收取 500 ~ 2000 美元不等的费用。"也就是每年收取 6000 ~ 24 000 美元不等的费用。费用不同，活动内容也不同。智囊团活动一般每年有 1 ~ 3 次的线下会议，还有一些定期的电话会议或者网络研讨会。如果你有兴趣组织这样一个活动，你可以选择收取极低的参与费用以运营一个"测试性质"的活动，从而得到参与者的反馈、褒奖和推荐。但是一旦你开始组织正式活动，较低的价格实际上会妨害你的业务。斯库利说，如果你与企业客户合作，"组织一个为期三个月，价格 1000 美元的智囊团活动不会给人留下深刻印象，反而会损害个人品牌的声誉"。莱韦斯克深深铭记着这个道理，他的智囊团活动价格为每年 3.5 万美元，并逐渐提高至每年 5 万美元。实际上，斯库利发现有些精英智囊团活动的价格高达每年 10 万美元，虽然价格更高，但是"除了智囊团活动外，你还接受了培训，得到了一对一的辅导，还参加了旅修营。这是一整套活动。"

合适的团队成员。最重要的就是团队成员组合恰当，如果团体成员的目标完全不同或者性格不相容，那这个团体可能就会分裂或者瓦解。斯库利说，首先应该关注他们的目标。拥有相似目标的团体成员容易凝聚力量和培养友情。如果一个人的目标是把业务价格提高至每年 100 万美元，而另一个人的目标是减掉 50 磅，那么他们可以互相学习的东西可能并不多。不过团体成员的目标有些差别也是有必要的，如果成员之间存在竞争关系，他们就不可能共享个人财务信息或者商业机密。

时机也很关键。即使团体成员都想每年挣 100 万美元，他们也必须处于较为相似的水平。如果一个人现在能挣 80 万美元，而另一个人才刚开始创业，几乎颗粒无收，那他们的需求和经历可能大相径庭。性格也很重要。斯库利说："如果智囊团的八个成员都是内向的，那就不会有人说话。同样，如果八个成员都是外向的，那就不会有人闭嘴。"不要随便同意任何感兴趣的人参加活动。她说："我通常会拒绝 30%～40% 的人。"但这并不意味她会永远将这些人拒之门外，只不过他们并不适合参加当前的活动。

调整不良因素。即便你精心挑选的团体成员能力出众，但有时也会不可避免地出现错误，人们的生活环境也可能发生变化。斯库利说："快速行动很重要，如果情况开始不利，立即处理是最好的选择。"如果很快就发现某人不合适，你作为负责人就需要与他们谈话，了解他们的感受，然后确定他们是否愿意改变自己的行为，以及是否有能力改变自己的行为，或者干脆让他们走人。她说："做出让他们离开的决定需要勇气，因为这样你就不得不退钱。特别是如果需要退还 2.5 万美元，你就很难说出，'对不起，你不合适'。不过从长远来看，这样做对你和整个团体都更有益处。"

并不总是新成员才会出问题。有时候，一位之前可靠的团体成员可能不再参加会议，或者一直迟到，或者扰乱会议进程。斯库利说："我会把那个人叫到一边，然后聊聊他最近的情况。一般是三件事导致他行为异常，离婚、生病或者财务问题。几乎总是如此。"同样地，你需要确定这个人能否改变现在的状态，是否需要退出活动。

亲自体验智囊团活动。斯库利惊讶地发现创业者经常会犯的低级错误是，他们想要组织智囊团活动，自己却从来没有加入过任何智囊团。她说："这有点像你决定去跑马拉松，但是你从来没有追过公交车。"以团体成员的身份体验智囊团活动，你可以培养对活动的敏感性，还可以发现你喜欢或者讨厌哪些做法。你还能亲身体验团体活动的发展变化，并且知道如何才能发现迫在眉睫的问题。拥有这种经历能使你在建立社群时做出明智的决定。

没有备选的团体成员，也可以组织活动。如果有许多优秀的粉丝作为团体成员的备选，那么选择合格的参与者就会更加容易。斯库利说，即使没有备选的团体成员，你也仍然可以组织活动。首先，你应该清楚你理想的智囊团是什么样子，以及你希望谁成为智囊团的成员。斯库利说："选择智囊团成员的最佳方法就是明确这个活动的受众。写下你心中的理想人选，选择真正合适的人。然后给他们打电话，邀请他们参加活动。就是这么简单。"其实这听起来可能一点都不简单，你真的认识 6 个愿意支付数千美元加入智囊团的人吗？这对斯库利而言很简单，她向 42 个人介绍了一个价格为 5000美元的项目，最终有 5 个人愿意参加该项目。斯库利的一个客户每年仅通过智囊团活动就能赚取 50 多万美元，而这个客户的邮件列表用户还不到 250 人。

还要记住，其他人可以介绍你认识更多的人，从而扩充你的邮件列表。你越清楚你的理想客户，其他人就越有可能帮你找到他们。塞琳娜·素就很清楚自己的理想客户，本书的第四章提及了她组建的以宣传为主题的智囊团，她会向每人每年收取 2 万多美元。对此，她解释道，"只要我感觉这个人可以为我推荐理想客户，我就会把他列出来"，也就是说，这些人都可以为她提供有价值的信息。她还说，她正在寻找想要学习如何提高媒体曝光率、提升公众形象的成功人士。

比如，素给一位联系人打电话，这个人运营着一个以个人发展、自助和健康为主题的网站，于是素就顺势认识了许多在该网站投稿的成功人士。她说："我给这位联系人和其他相似的联系人打了电话，表示我正在组建智囊团并表达了自己激动的心情，向他们介绍了活动内容，之后询问他们是否认识任何想要参加活动的人。"她通过推荐几乎找到了智囊团活动的所有参与者，其中就有我推荐的一位参与者。她明确陈述了对参与者的要求，所以我帮到了她。推荐是一种十分有效的策略，因为除非你认识非常多的人，或者认识的人非常符合你的要求，否则没法在现有的人际网络中找到足够多有能力支付高额费用的人。

试一试

如果你正在认真考虑组建智囊团，可以思考以下问题：

√ 你想创建的理想智囊团是什么样的？你需要多少团体成员？你需要怎样的团体成员？多久举办一次活动？参加活动的费用是多少？全部活动都在线上举办，还是既有线上活动也有线下活动？

√ 思考在哪可以找到参加活动的初始成员。（如果你曾经举办过"智囊团活动"，参加过这个活动的人将是不错的选择，因为他们会愿意结交志同道合的创业者。）你还知道谁认识的人符合你的理想要求吗？他们是否愿意推荐这些合适的人选？

Entrepreneurial
you

第三部分

扩大你在网上的影响范围和影响力

第九章

创建在线课程，充分发挥平台作用

对许多创业者而言，创建在线课程有助于自然而然地扩大影响范围和影响力。但是一些创业者（包括我）在创建和推出课程的时候吃了些苦头，也吸取了一些经验。

我将在本章分享一些成功和失败的经历，你能从中汲取重要的经验教训，了解一些重要的事情，包括了解客户需求、验证假设、倾听受众、构思精妙的叙述、调查受众、提供试点课程、为课程恰当定价（包括探索高价销售），以及为首次上线课程把关。

了解客户需求

电子邮件的主题行很难被忽视。当我看到主题行是"我希望用1000 ～ 25 000美元换取你几个小时的时间"，我可能直接就把这封电子邮件当作垃圾邮件删除了，但是我认识发件人——贾里德·克莱纳特（Jared Kleinert），这位雄心勃勃的年轻作家在 19 岁的时候就出版了一本关于新兴年轻创业者和未来领导者的书。

打开电子邮件，我看到了正文内容："我打算打造我的第一个信息产品，帮助人们实现财务自由。我会邀请 10 位思想领袖在这个有可能实现的信息产品中担任受访者的角色，如果你愿意成为其中一员，我会支付至少 1000 美元的报酬。如果你愿意帮助推广该课程，你可以成为我的合资伙伴，和我平分佣金。"任何理性的人恐怕都不会拒绝这样的请求。

所以我同意了他的邀请，播客创作者约翰·李·杜马斯和其他人也同意了这个邀请。关于这个信息产品的具体构思是：课程参与者能够通过十几节有深度的课程学习如何通过各种方式获得收入，课程内容包括运营播客、在油管上运营视频博客，以及搭建人际网络（我负责讲解这部分）。

但是几个月后，事情没有按照计划开展。克莱纳特之后在《福布斯》的网站上发表了一篇博客文章，揭示了这次创业的过程和结果。

997 美元，11 000 美元，0 美元。

第一个数字是"致富"（Yourself with Wealth）课程的零售价格，我在两周前开放了该课程的购买渠道。第二个数字是我承诺付给合作伙伴和课程讲师的（总）金额，这些课程讲师（共 10 位）每位都分别接受了 1 个长达 1 小时的采访，还为了销售课程配合剪辑了 4 个视频。

　　最后一个数字是课程上线第四天的总销售额。这次的项目最终以失败告终。[1]

　　为什么会失败呢？在线课程是利用专长赚钱的绝佳方式。但是根据克莱纳特的经历，这里还存在一个风险因素，即快速获得收入的诱惑。他说："我认为，创业者热衷于快速获得收入。比如，就一个很酷的网络营销课程而言，创业者很欣赏这种项目，他们认为随便投入一些资金，就可以在两个月内挣到六位数。"

　　克莱纳特当时认为他的想法很有前景。人们显然对如何在网上赚钱感兴趣，在线课程行业注定是一个蓬勃发展的行业。他的人际网络十分广泛，所以他可以发掘出许多知名的专家讲师，凭借这些专家讲师的粉丝，克莱纳特足以接触到非常多的受众。

　　但是克莱纳特之后意识到自己错过了至关重要的一步。他说："我从未采访过任何潜在客户。我完全跳过了这一步，因为我太想赚快钱了。"他在美国感恩节的前几天上线了这门课程，但是当时许多潜在客户正在旅行，或者忙于陪伴家人，或者需要存钱准备节日礼物。后来他才意识到，向合作参与者支付报酬的承诺最终使事与愿违。这些合作者很快就同意录课，因为他们 1 个小时就可以赚 1000 美元，但是他们没有特别用心地向自己的受众宣传这门课程。这些人还有其他收入来源，所以没有把这件事放在心上。

　　从某些方面来看，比如从总销售额上看，克莱纳特的创业的的确确失败了。但是他做的某些事情也值得借鉴，比如说，他控制了成本。他最初的花费极少，只用了几百美元购买软件和剪辑视频。

而且，他只承诺在每次完成采访后支付 1000 美元，所以即便没有销量，他也没有亏损太多。

更为重要的是，用硅谷的说法，克莱纳特"很快就失败了"。他说："我想到了一种测试网络营销设想的方法。一般而言，在线课程可能会持续六周之久，而大多数人会用半年或者一年的时间打磨这门课程，之后再试着去销售这门课程。"克莱纳特没有用太长时间打磨这门课程，他试着在课程制作完成之前就上线这门课程，所以当课程没有吸引到任何顾客时，他能够快速关停这个项目。

克莱纳特没有掩饰自己的失败而后假装这件事情未曾发生，他反而坦诚了自己的失败，在《福布斯》的网站上分享了他的经验教训。他说："我刚一发布，大家都说，'这个项目风险太大了，注定成不了，明摆着会失败……'我认为这次分享很有用处，它引起了人们的重视。"

克莱纳特已经开始尝试其他的业务，包括出版一本新书。他仍然记着过去的经验教训。他说："你必须问你的客户他们想要什么。你需要创造一些对他们来说有价值的东西，并随着时间的推移一步步扩大业务。"

验证假设

如果你的目标是上线一门课程，那么没人买你的课程就很令人沮丧。其实还有一种情况更令人沮丧，那就是只有一个人购买你的课程。2010 年，在蒙特利尔工作的创业者丹尼·因（Danny Iny）决定上线自己制作的在线课程，他精心打造的这门课程名为"有效营销"（Marketing That Works）。但很快，这个名称就成为一种讽刺，因为其销量十分惨淡。因说："我们上线了这门课程，然后有一个人买了这门课程。在接下来的半年里，每一周都很煎熬，因为我得按时为这一个人每周制作一节课。"

回顾过去，因说："我工作了六个月才挣了 1000 美元。我不想再这样做了。"他开始寻找机会来推广这门课程。他想，也许可以通过在他人的博客上发表客座文章的方式来推广这门课程。他向知名网站部落格（Copyblogger）投了一篇文章，这篇文章一经推出就收到了强烈的反响：有 200 多条评论和 900 个跟帖。最重要的是，这篇文章为他自己的网站带来了流量，所以因开始相信这种方式确实可以促进课程销售。他决定再接再厉。

因开始向其他一些知名博主提出撰写客座文章的请求，几乎所有博主都同意了。一年之内，他为 80 多个网站撰写了客座文章。他回忆道："人们开始问，'你是如何做到的？你能教教我吗？'。当很多人主动提出了这样的问题时，我就想，看来人们是有需求的。虽然之前的项目惨败，但我觉得自己有必要再试一次。"所以因上线了另一门在线课程，主题是如何成功撰写客座文章。他给这门课程起名为"像弗雷迪一样写作"（Write Like Freddy），这种开玩笑的说法是引用了一位粉丝的评论，这位粉丝说因好像无处不在，好像在哪都能看到他的博客，就像 20 世纪 80 年代的恐怖电影里的坏人弗雷迪·克鲁格（Freddy Krueger）一样无处不在。

但这次他要确保不再仅仅为一个人制作课程。因向他邮件列表的几千人发送了一封邮件，表示这个试点项目有 50 个名额。如果他们愿意在他制作课程的时候及时提供详细的反馈意见，那么他们可以用较低的价格购买课程，同时还能获得更多与他交流的机会。因说："事后来看，这个营销策略确实巧妙。不过我当时想出这个策略只是为了规避风险，如果没人购买这门课程，我就能及时停止这个项目。"

但是这次，课程的制作思路直接来源于顾客的要求，所以因很了解他们的需求。首次尝试的时候，因对类似的业务还没有头绪，当时的课程主题是关于营销"所有应该了解的知识"，而这次的"像弗雷迪一样写作"课程更短小精悍。参与试点项目需要支付 77 美元，直接体验完整课程需要支付 137 美元。这门课程最后变得很受欢迎。

倾听受众

当你在市场上直接实施某个策略时，即使并非不可能，也很难吸引受众的注意。克莱纳特就尝试了各种创业项目，但是效果并不太好。不过有时候如果你认真倾听你的受众，你会听到他们确切的需求，这时原本困难的创业项目选择过程就会变得容易得多。

斯科特·奥尔福德（Scott Oldford）成功地建立了一家数字营销机构——无极（Infinitus）。但是他的客户还是把钱花在文案写作等现实服务方面，而这种现实服务需要人力和运营费用。他说："2014年，我们实在没法从 100 万美元的收入中获利。我每天工作 14 个小时，我觉得不太对劲。"他知道自己需要改变业务模式，但是他不确定应该如何改变。

然后，有一天，他客户的儿子提出了一个请求："斯科特，你能把你知道的关于网络营销的一切都教给我吗？"奥尔福德没上过大学，不太信得过自己的教学能力，所以他拒绝了这个请求。但是这个年轻人对他穷追不舍："你难道不能联系一下邮件列表用户吗？如果有很多人有相似的请求，那你可以重新考虑下嘛。"于是他发送了一封简短的电子邮件："如果提供这样一门课程，你会感兴趣吗？"他回忆道："在发出电子邮件的 3 个小时后，24 个人表示愿意以 1200 美元的价格来购买这门课程。"

许多在线课程以失败告终，这是因为创业者没有实践经验，也没有实际考察。不过如果你能发现顾客的真正需求，成功就会随之而来。

构思精妙的叙述

对受众的需求有了较多的了解之后，下一步就是通过精妙的叙述去吸引顾客，从而销售你的产品。大名鼎鼎的互联网营销大师杰夫·沃克（Jeff Walker）提供了一些有用的建议。（如果想要了解更多关于沃克的故事，可以阅读"网络创业的起源"专栏。）沃克所实施的营销策略的核心是"横向销售函件"（The Sideways Sales Letter）。几十年来，广告直邮的文案写作者在商界享有盛誉，他们被认为是最聪慧、最有效率的营销人员，他们会制作很详尽的销售函件（有时候长达几十页），通过详细生动的叙述来吸引大量顾客。从根本上说，沃克意识到了在互联网时代如何应用这些策略。起初由于拨号带宽的限制，他只能用电子邮件的形式发送详细的销售函件。到了2000年，他加入了音频形式。又过了几年，当越来越多的人使用宽带的时候，他就转向了视频这种形式。

沃克立马就采用了视频的形式。他说："如果你必须销售什么东西，如果你的工作就是销售，那么最好的方法就是坐下来，与客户面谈，这样可以和他们有目光接触。"但是面对面的销售无法形成较大的规模，而视频则可以做到这一点。

沃克意识到，正是他们的叙述使得直接销售函件吸引了顾客的注意。他说："通过叙述的方式展现产品价值，有助于产品在市场上脱颖而出。人们可以通过故事去交流，这种方式非常迷人。如果你用讲故事的方式去开展营销活动，那就会引人注目。"

网络创业的起源

五年来，沃克一直是负责照顾两个孩子的全职爸爸。他的妻子作为家里唯一有工作的人，肩负的压力越来越大。他回忆道："她常常是起早贪黑。但即使她工作这么努力，我们一家还是很难维持生计。"他知道需要帮妻子分担压力，于是将目光对准了股市，多年来他一直想要炒股。当时是1996年，互联网刚刚兴起。他说："成为一名交易员，并且把所有的钱都用来炒股是我的梦想。问题是我没有钱，没有任何资金。不过我了解'上线'这个概念。"

沃克写了一封电子邮件免费分享他关于股市的看法，然后把这封电子邮件寄给了所有他知道电子邮件地址的人，虽然只有 19 位联系人，但在当时来说已经算是很多了。不过通过口耳相传，越来越多的人知道了沃克。不到几个月的时间，他已经吸引了将近 1500 人订阅他的电子邮件。他说："我想，也许我可以向他们销售一些东西。但是我从未卖过任何东西，我没有销售经验，没有营销经验，我不敢开口让他人付费。"

但他需要赚钱以维持家庭开支，因此在 1997 年 1 月 1 日，沃克决定向想要订阅电子邮件通讯的人收费。沃克的做法是硅谷现在流行的"免费增值"商业模式的早期实例，所谓"免费增值"指的是所有人都能免费得到基本的产品，如果有人对这个产品特别感兴趣，那可以选择付费版本，体验更多、更好的功能。

沃克回忆道："起初我没有线上收款的渠道。当时线上收款很复杂，所以我发了一封很长的电子邮件，写道，'如果你想要得到这款付费版产品，请把这封电子邮件打印出来，并寄给我一张支票'。他们确实按照我说的做了。"首次推出付费版产品的时候，他收到了 1600 美元，这些钱肯定无法改变生活，但是证明了这个想法的可行性。

大约六个月后，沃克再次推出这个产品，向那些使用免费产品的订阅者宣传了这个付费版产品，并解释了付费的益处。这个时候，他已经完善了他的销售文案，并且有了实际的产品——电子邮件通讯，而不仅仅是空口承诺。这次他挣了 6000 美元。他说："这是一次巨大的进步。"因为销售的是电子邮件通讯，所以他的执行成本是 0，而且他的产品内容几乎可以无限地增加——他发现了获得纯利润的方法。

在接下来的几年里，沃克继续拓展业务。2000 年初，他推出了一款产品，在七天的时间里挣了 10.6 万美元。2003 年，他参加了一场营销会议，和其他参会者谈论了他的经历。他说："我以为我做的事情大家也在做。"但他想错了。其他参会者对他的成功大吃一惊，纷纷表示想要学习他的成功经验。就在那时，他的写作内容开始从股票市场转向了一个新的领域——教授他人如何运营有利可图的网络产品。

沃克现在把他的方法称为"产品上线方法"（Product Launch Formula，PLF），这个方法已经深入到网络营销的各个方面。他说："在这个方法的指导下，营销披上了活动的外衣，几乎就像举行了一场仪式，吸引着人们的注意力。"

这些电子邮件通讯讲述着合乎逻辑的故事，首先激发了人们兴趣，之后逐渐引导顾客做出购买决定。从引人注目的标题到精彩出色的故事，产品价值的要点，产品内容的详细说明，有关价格、额外福利和保障的信息，通讯的结尾则是询问人们的购买意向。

沃克意识到，通过视频他也可以完成同样的事情。不过，与其用长度（一封很长的销售函件）吸引人们的注意，还不如通过一系列的视频，在一定时间内培养顾客的兴趣，并与顾客建立联系。他几乎是用数学的思维在思考这种转变：在他的脑海里，他把纵向的长度转变成了横向的时间。因此，他创造了"横向销售函件"这一概念。

实际上，第一个视频相当于提要。沃克说："一切都是为了发展或者机会。"他在视频中说明了为什么说顾客们有一次改变生活的千载难逢的机会。他的视频宣称能够帮助人们获得创业机会，而其他遵循"产品上线方法"的人则强调他们的产品或者课程能够帮助人们完善自我，比如变得健康，成功减肥，或者在高尔夫比赛中游刃有余。当然，即使是第一个视频，在绘制发展蓝图时，也要给受众提供丰富、有用的信息，而不仅仅是一些诱人的设想，否则当真相大白时绝对会招致差评。

沃克说，第二个视频展示的内容相当于销售函件的要点。他说："通过这些要点，你就能帮助他们完善自我，帮助他们梦想成真。"他列出了一些案例（他的案例是，创业者如何成功地应用了"产品上线方法"），视频内容具有很强的教学性质，受众能够大致了解他所教授的内容要点。这个视频说明他很了解他要教授的主题，并且提前向受众提供了有价值的内容，在吸引人的同时也没有附加任何条件。

沃克表示，第三个视频"展示了课程的具体内容以及受众能够学习到的知识点"。第三个视频仍然具有教学性质，并且提供了有用的策略，不过从这个视频开始就巧妙地表明了销售意图，说明"我们正在销售什么，受众能够得到什么，以及这个课程的大致内容"。最后会转向第四个视频，也就是销售视频。沃克声称：下一个视频你将会学习具体怎么做。

前三个视频具有较为明显的启发性质、激励性质和教学性质。沃克说："我所秉持的理念就是在表明销售意图之前，先提供有巨大价值的内容。"你需要随着时间慢慢推进，提供更多的信息和知识，这样就能减轻潜在顾客的顾虑。他们知道你是专家，已经从你的视频中受益，并且浅尝了这个课程中更深层次的内容。第四个视频负责详细解释销售方案，直白地表明销售意图。

沃克说，之后的视频通常在大约两周内上线，在销售这种价格较高的产品时很有必要与顾客建立信任。"购买一加仑牛奶，销售过程通常不会持续太久。"但是购买法拉利的情况又不同了。沃克的在线课程在 2016 年的价格是 2000 美元，与线下销售法拉利的情况类似。为了促进销售，他还营造了一种稀缺感。在视频上线后，沃克会明确地安排一段较短的时间，通常是三到七天，允许人们在这段时间购买视频课程，他称之为"购买通道开启"和"购买通道关闭"。他说，限定时间给了人们充分的理由去立马做出购买决定，而非无限期地推迟购买决定。

最近上线的"产品上线方法"课程给沃克带来了 500 万美元的收入，超过 15 000 人参加了这门课程，沃克借此取得了巨大成功。许多营销人员严格遵守课程教授的内容，他们担心如果不按课程指示操作就会导致销量下降。实际上，沃克说，他的学员上线了各自的产品后，总共获得了 5 亿美元的销售额。

当然，方法标准化也会产生问题。虽然视频作为个体媒介，可以让你和受众直接对话，但是当所有其他网络营销人员似乎都在使用相同的视频排列顺序和营销策略时，每个人都很难做到脱颖而出。

沃克并不担心。他认为，如果合理利用叙事能力，你将会挖掘人类联系和看待世界的本质。凭借 20 多年的网络营销经验，他已经熟练掌握了网络营销的技巧。他最近上线了长达 45 分钟的视频课程，这对注意力难以集中的网民而言很是漫长。但是，他相信深入挖掘顾客需求，而非漠视顾客需求，就能制作出更吸引受众的产品，而且他有经验能做到这一点。难点在于使用相同营销构架的创业者如何合理运用这套方法。（如果想要了解我上线产品的经历，可以阅读"我的早期创业试验"专栏。）

我的早期创业试验

当我决定上线自己的在线课程时，我十分谨慎。毕竟我以前发布产品的时候，经历过惨痛的失败。比如，在我从事咨询业务的早期，我决定把一些谈话记录下来，并刻录成光盘，这也许会是个明智之举。当时花费了将近 1500 美元。我可以给专业组织的负责人免费寄送一些光盘，他们就有可能邀请我前去演讲，剩下的可以在活动上以 20 美元每张的价格出售。但是不久之后，邮寄光盘的形式就过时了，任何感兴趣的人都可以在线观看视频。当时只有 3 个人出钱购买我的光盘，还有 1 个人要了免费的光盘以便转录但是一直没有给我转录后的材料，如果算上这个人，那就是 4 个人。这件事让我久久难以忘怀，我不想再重蹈覆辙。

因此当我在 2014 年尝试上线第一门在线课程时，我和一家拍摄并销售视频的企业签约，它没有收费，课程上线后我们二八分成（它占 80%）。我没有什么损失，但也几乎没有赚到钱。我赚的几千美元，与我在计划、出差、教学方面花费的几百个小时相抵消。不过这次经历倒成了我的一次创业试验，我了解了经验更加丰富的企业是如何创建在线课程的。

第二年，我再次开展创业试验，与一家传媒公司合作制作了一门更短的课程。去年我花了大量时间制作课程，而这次我只用了一天的时间组织和拍摄这门课程。回报也不太多，头一年得到了 1000 美元左右的收入，不过投资回报率比之前高了很多。

然而，和同行交谈之后，我意识到创业的真正秘诀在于制作自己的课程，并从中直接获得利润。由此我也发现了我和创业者塞琳娜·素的差距，我获得了 1000 美元的收入，而塞琳娜·素凭借 2014 年上线的第一门在线课程获得了 15 万美元。我必须找到合适的主题，为了做到这点，我需要调查我的受众，并提供试点课程。

调查受众

莱恩·莱韦斯克运营着高水平的智囊团活动，他通过开发"询问"（Ask）这一方法而声名鹊起，"询问"指的是在尝试推销任何产品之前先调查顾客需求。我就是这么做的。

2015 年 12 月，我向邮件列表用户发送了一封电子邮件，当时有 2.5 万人收到了这封电子邮件。邮件标题是"快问快答"（quick question），旨在吸引人们的注意。我没有大写这几个英文字母，使得这个英文标题看起来尽可能地平易近人。在电子邮件营销中，不能过度使用这个技巧，否则人们会变得不安和警惕。你可以在发送最重要的邮件时使用这个技巧，它将发挥巨大的作用。1.07 万人打开了这封电子邮件，打开率高达 43%（而行业平均水平为 20% ～ 25%）。而且 1200 多人完成了这份包括 10 个问题的详细的调查问卷。

调查问卷的第一个问题是：你现在最大的一个职业挑战是什

么？莱韦斯克说这是所有问题中最关键的一个问题。受访者可以通过任何他们想要的方式去回答这个问题，也不会受到后续问题的影响。你可能对他们的挑战已有判断，但是第一个问题的回答能让你深入了解受众心目中最重要的信息和产品。然后我问了一些基本的人口统计学问题（年龄、性别、当前是自由创业者还是企业员工），并请他们从我列出来的一些主题（比如，个人品牌、成为公认的专家、建立人际网络等）中选出最有吸引力的写作主题。

调查结果很有意思。首先，成为公认的专家建立声誉是受访者最关心的话题。20% 的受访者认为，这是他们在一系列话题中最感兴趣的，这个话题的关注度比第二受关注的话题的关注度高出 5%。这个结果很有趣，但是莱韦斯克认为这个结果还不够充分。

你要寻找的不仅仅是所有人的观点，你需要识别最热诚的粉丝希望看到的话题。他说，通过他们回答的长短，就可以看出他们是否热诚。他们对某个话题的回答越长，那他们在这个话题上的投入就越多。也就是说，如果你问到了他们当前最紧迫的问题，那么仅仅回答"找到工作"或"过度劳累"的人就不如深思熟虑给出回答的人投入得多。

莱韦斯克还提出了一些不同于当今数字时代一般认知的建议，比如询问调查对象的电话号码，以及询问是否可以打电话以便跟进调查。有时候，你确实想要做这件事。你可能对他们的回答有疑问，或者想更深入地了解受众群体的心理特征。但是更多时候，这只是一个测试性的问题：如果他们愿意留下电话，这就说明他们对你和你的工作有更多的兴趣和关注。这一类的人更有可能产生实际的购买行为，因此有必要更重视他们的反应。

仔细研究和分门别类整理主观题的答案需要数周时间，不过得到的数据十分宝贵。有个人曾写道："我特别想要成为思想领袖，任何关于构建'思想'产品的深入见解对我而言都有用处。我有一些关于构建框架和宏大叙事的想法，这些想法有待进一步完善，也需要接受市场测试。我想要专心做这件事，于是辞掉了全职工作。我想利用我的天生优势去帮助他人。"还有人表示，希望在自己任职的大公司的官僚架构中脱颖而出，通过展示领导力和财务能力使他人认可自己的专业能力。

换句话说，我发现许多人对有关如何成为公认的专家的课程很感兴趣，但我甚至还没准备好上线一门试点课程。根据莱韦斯克建议的问题，我采访了 50 个人，他们表示愿意与我进一步交谈。不过我没有给他们打电话，反而通过电子邮件发送了一个请求：是否愿意了解我打算上线的课程，你可以看一看课程描述，只有一页纸的长度，然后告诉我你对这门课程的看法。这对他们来说没有太明显的好处，纯粹只是帮个忙罢了。（不过我后来又提出了一些好处，如果愿意他们可以获得优先加入课程的资格。）如果你已经逐渐与顾客建立了信任，他们通常会愿意帮助你——作为你的课程为他们带来价值的一种回报。

我问他们是否有兴趣参加一门关于如何成为公认专家的课程，他们认为这类课程最重要的内容是什么，以及根据我的描述，他们最喜欢或者最不喜欢哪些内容。我还问他们，如果这门课程定价 500 美元，他们是否愿意加入这门课程，愿意加入或者不愿意加入的原因是什么。15 个人回答了这个问题，其中 5 个人表示愿意加入这门课程。正如创业者布莱恩·哈里斯（Bryan Harris）在一条采访帕特·弗林的播客中所分享的那样，如果你能让 10% 的回应者愿意购买你的产品，这就足以说明你的产品有足够的需求。[2] 所以我终于有足够的信心上线我的试点课程了。

提供试点课程

在调查了我的受众将近 5 个月后，我又发了一封标题为"跟我合作吧——特色试点课程邀请"的电子邮件。在邮件正文部分，我解释了一些细节：这个特色试点课程的主题是如何成为公认的专家，我提供了 40 个名额，在 5 周内将会以直播的形式举行 6 场网络研讨会。研讨会的主题包括"寻找突破性观点"和"构建强大的人际网络"。如果他们对课程的反馈较多（而且如果他们喜欢这门课程，可能之后会愿意推荐给其他人），那么这些参与者就能和我有更多的私人联系，而且能以更低的价格（500 美元）购买这门课程，而正式上线时这门课程价格为 2000 美元。

通过一系列网络研讨会直播，我完成了试点工作。不过你也可以选择其他形式，最终的目标就是从较少的参与者身上获得一些深度反馈，这样你就能根据需求调整产品内容。正如丹尼·因所说，"你可以开展任何形式的试点工作"，可以是现场活动，可以是电话辅导，也可以是电子邮件课程。"你应该尽可能地选择便于快速开展的试点工作，从而得到反馈。"

我认为自己已经准备好开展试点工作了，但是当上线新产品时，你永远无法确定受众的反应。因曾说过："试点工作是为了开展市场调查。如果你上线的一款试点产品不受欢迎，不要把这次经历当作一次失败，而应该从中吸取经验和教训。"

当电子邮件按照设定时间发送的时候，我正在教授高层管理课程。45分钟后，到了午休时间，我登录了电子邮箱去查看电子邮件，结果发现有好多未读邮件，很多人希望购买我的产品。购买需求已经远远超过了实际的产品数量，所以我立马关闭了购买通道。之前因为我的想法不够成熟，也没有经过适当的调查，所以损失了数千美元，不过我终于知道了如何确定受众的真实需求。最终，不到一个小时，我就挣了2.35万美元。

试一试

当你考虑试点课程的主题时，请思考以下事项：

√ 别人经常向你咨询什么事情（如何为他人的网站撰写客座文章，或者如何穿得更加时尚，或者如何成为更好的父母）？是否有可能将这些知识系统化，并以在线课程的形式教授？

√ 撰写一份简短的课程描述（长度为半页到一页纸）。现在列出你认为可能对这门课程感兴趣的50个人，向他们发送这份课程描述，并寻求意见和反馈，问问他们是否愿意以你设定的价格购买这门课程。如果至少有10%的人表示愿意购买，那你一定要上线这门课程。

为课程恰当定价

不同在线课程的价格差异很大。只需要 14 美元，你就可以在 Udemy 这种专门提供低价课程的网站上学习如何"成为 Hadoop 开发人员"或者"练就角斗士般的更大胸肌"。在 edX 等网站上，你还能找到大量相似主题的免费课程，这些网站上还有一流大学的课程录音。有的课程收费较高，网络营销人员将一门课程定价为 2000 美元倒也是常见的事（丹尼·因和杰夫·沃克都有定价 2000 美元左右的课程）。还有些课程收费更高，创业者拉米特·塞西曾上线一门名为"成功应聘理想工作的精英"（Dream Job Elite）的课程，这门课程价格为 1.2 万美元，主要教授学员建立人脉、参加面试和谈判薪水方面的技巧。

那么应该如何定价呢？正如因所说："应该在一个恰当的范围内定价，这个范围的最高点是市场所能承受的最高价格，最低点则是你能接受且不会亏本的最低价格。在这个最高点和最低点之间的价格即为恰当的价格。"或者说，你可以根据竞争对手的课程内容，你为课程材料做出了多少贡献、为课程学员提供多少帮助，以及课程学员的期望结果等确定不同的价格。具体的结果如何当然无法保证，不过可以确定塞西上线的课程（教授如何找到理想工作，以及如何通过谈判获得更多的薪水）的利润率肯定要比教授如何编织羊毛帽子的课程的利润率更高。

在为试点课程定价时，因建议牢记两个衡量标准。第一，你打算用完整课程的百分之多少作为试点课程？（这个问题没有标准答案，你应该做出最合理的估计。）比如，你的课程材料很不完善，严重依赖课程参与者完善这些材料。在这种情况下，你可能会把完整课程的 20% 作为试点课程。如果完整课程的定价是 1000 美元，那么试点课程的定价就是 200 美元。

第二，如果你在试点课程中花费了更多的时间和精力，那么课程定价就应更高。课程受众可能会重视与你之间的私人联系，可能愿意为此支付更多的钱。比如，在运营试点项目时，每周我都采取直播网络研讨会的形式上课，直接收集这些学员的问题。我还亲自回复他们的电子邮件，并在私人脸书群组中与他们多次互动，那些想要与我建立私人联系的学员肯定愿意为此支付更多费用。

我知道这些学员的姓名、个人经历和面临的业务挑战，并且经常和他们分享一些非常私人的具体技巧，比如倾听他们的电梯演讲，并且提出修改意见。规模较大的课程很难实现这种程度的互动。因此，将试点课程定价 500 美元我感觉心安理得，我计划把试点课程对应的完整课程价格定在 1500 美元到 2000 美元之间。

我早期的课程是与其他机构合作完成的，售价为 100 美元或者更少。对于我第一门独立制作的课程，我决定把价格定得更高。做出这个决定并不容易，因为大多数受众即使有意愿参加，也可能付不起 2000 美元。定价更低可能更易为受众所接受，也会少一些尖酸刻薄的言论或者批评的声音（有些人憎恨你为赚钱所做的努力）。

不过事实就是，无论你把价格定为多少，总有人会不高兴。正如我在上一本书《脱颖而出》中所讲的，塞西告诉我，当他决定推出第一款付费产品——一本价格为 4.95 美元的电子书时，他感到十分紧张，那种紧张感前所未有。果然，即使是这个适中的价格，他也收到了恐吓信，写信的人称他为叛徒。从那以后，他明白了无须忧心如何定价，毕竟难以让所有人都满意。

因说："你需要在建立业务的时候逐渐提高产品的价格吗？最开始是 7 美元，然后是 77 美元，之后是 777 美元？当然不需要。事实上，刚创业时最好把价格定得稍微高点，因为这样会带来更好的经济效益，这样做也符合商业逻辑。"正如他所说，如果你的电子邮件订阅者有 5 万人，你把产品的价格定为 200 美元就能获得很高的收入。但是如果你的订阅者只有 500 人，即使有多达 10% 的人购买了你的产品，你也只能挣 1 万美元。虽然已经挣得比较多了，但是肯定不足以维持生计。（事实上，更普遍的情况是只有 0.5% ~ 2% 的邮件列表用户愿意购买你的产品。）

探索高价销售

业务和宣传策略师塞琳娜·素在她的在线业务中使用了同样的方法——高价销售（具体可见第四章）。2014 年 5 月，她上线了一门名为"收获名声，收获客户"（Get Known, Get Clients）的高价在线课程，全额一次支付需要 3000 美元，月付总共需要 3500 美元。这是她首次上线课程，粉丝相对较少，她的邮件列表用户只有 3800 人，所以当时她这么定价是迈出了勇敢的一步。她回忆道："当时大家说我不应该定价这么高，没人愿意购买。"

价格并不是唯一的阻碍。按照惯例，制作课程一般需要两个月，而素却用了半年的时间。她说："我知道我在冒险，不过同时，我也知道我需要兑现承诺，帮助我的受众为六位数的收入打下基础，如果课程只持续四周或者八周，那就是对他们的不负责。"

素并没有随意定价，然后就听天由命。虽然价格很高，但是她完全有理由相信这门课程能够取得成功，因为她已经制订了周密的销售计划。她没有打算通过在线课程启动她的业务，因为她已经有了较为成熟的业务体系。通过一对一教练业务和精英智囊团，她已经拥有了六位数的收入，保证了现金流的稳定，并且证明了课程的可信度。

规划高价课程

当然，即使受众认为你的课程很有吸引力，但能负担得起定价2万多美元的课程的人是有限的。素知道有些人在压抑自己的需求，"有些人会说，'我正在攒钱，希望有一天能与你合作'或者'还有其他课程吗'。"所以，当她决定推出在线课程的时候，人们认为她的课程值得高价，这就是她的优势。她说："当我推出价格为3000美元的课程时，某些人觉得这门课程很便宜。"

她需要选择合适的课程主题。她这次也没有盲目地推出课程，而是遵循了一系列合乎逻辑的步骤。她回忆道："实际上，我一开始就想要打造一款有关人际交往的产品。"她开展了一项调查，以便了解受众在人际交往方面的需求和困难，然后根据莱韦斯克的建议，跟进那些愿意进一步细谈的受众。她说："我告诉他们，'我正在制作一门课程，价格大概是297美元，你可以从中学到一些东西，你觉得怎么样？'。他们的反应不够热情。我当时就想，如果人们并不感兴趣，那推出这门课程还有什么意义呢？"

于是她开始考虑其他的主题。她一直都想教授人际交往的相关内容。但是她的受众希望学到什么呢？她说："我知道大家都想要变得知名，也需要客户，从而构建起自己的业务，因为大家需要收入。赚钱对大家来说是头等大事。后来我意识到我可以考察市场并测试不同产品的市场效果，这就是我要做的事情。"

在她进一步开展业务之前，她需要再次调查人们的需求。有些人会定期给她发送电子邮件，询问除了她的顶级智囊团之外，是否还有其他的合作机会。她开始给他们打电话，并提出有关新课程的想法。她表示可能会把课程价格定在 3000 美元到 4000 美元之间，并表示希望看到人们的反应。她不确定人们是否会对这门课程感兴趣。她回忆道，当时人们反应十分热烈，"人们纷纷表示，'我对这门课很感兴趣，这正是我所需要的'。"

素非常熟悉杰夫·沃克的产品上线技巧，她看到这个技巧便觉得"叹为观止"。但她觉得自己没时间精心打磨一系列视频。她说："我会全身心投入一件事情，但是不会等到所有条件都满足了，不会等到框架都搭好了，不会等到内容初具规模了才行动。我认为，在商业领域，如果你打算把一切都准备好，那就已经来不及了。你需要的是立刻采取行动。"你需要花些时间正确理解基本概念。就素而言，她相信"收获名声，收获客户"课程会大卖，所以她只需要把这门课程推向市场。

为首次上线课程把关

决定不再采用视频这种形式后，素的思路更加清晰了。她通过电子邮件和网络研讨会直播相结合的形式，向她的 3800 位电子邮件订阅者展示了课程概念。她表示课程名额有限，从而推动人们报名参加网络研讨会。她说："我告诉人们今年只有这一场网络研讨会。"她也不打算重播网络研讨会。当时将近 1000 人报名参加网络研讨会，最终有 500 人观看了网络研讨会的直播。

对于那些没有观看直播的人，她通过一系列电子邮件重申了她在直播中所谈论的主题的主要原则，也就是她的三大理念。最终所有人都能掌握直播的核心内容，也就是提高知名度以吸引客户的重要性，以及如何才能做到这一点。她说："我的网络研讨会和电子邮件的质量极高。然后，我会分享这次活动的影响力，比如'这些人报名参加了这个项目……'。我会发送一系列的电子邮件，虽然看起来比制作视频的工作量的四倍还多，但是实际上并没有耗费太多时间。"

比起价格为 2 万多美元的课程，肯定会有更多人能负担得起价格为 3000 美元的课程。但是大多数人仍然不会购买 3000 美元的课程。高价在线课程永远不会形成批量业务，你必须学着去适应较低的购买转化率。然而，即使销量不多，你也可以快速获得收入。如果找到了目标受众，即使顾客不多，也能创造丰厚的利润。通过一场网络研讨会和一系列电子邮件，50 人购买了素首次上线的课程"收获名声，收获客户"。她说："购买转化率超过了 1%，这已经很高了，所以我在这次销售活动中收获了 15 万美元。"对大多数创业者而言，这门课程带来的收入已经足够可观，尤其是当你知道这 15 万美元只是她的总收入的一部分时，你会更加惊叹不已。

最开始她把商业模式从一对一辅导升级为小组辅导。不过在多次上线"收获名声，收获客户"系列课程后，她意识到这将是拓展业务的新方向。2016 年，她不再组织智囊团，而是打算专注于制作在线课程。

试一试

如果你在考虑如何创建课程，请思考顾客的需求以及以下问题：

- √ 他们实际需要多长时间才能学完这门课程？他们可以自己学习课程材料，比如自己看视频学习课程吗？他们需要与你或者同组成员有更多的互动吗？

- √ 详细描述你所能提供的最有价值的课程。你能教授什么内容？你打算何时推出这门课程？你打算采用什么样的课程形式？

- √ 你认为定价多少有助于课程的销售？你认识愿意购买课程的人吗？或者是否有人愿意推荐有支付能力的顾客？即使定价很高，比如素的课程定价就很高，但是如果这些顾客信任你，并且认为这些课程很有价值，那他们也会选择购买课程。

第十章

创建数字产品和线上社群

一旦通过教练业务和在线课程等高水平服务或产品为自己建立了经济基础，你可能会发现提供价格较低的服务或产品，比如电子书和虚拟峰会，也是值得的。在理想情况下，你的粉丝会越来越多，愿意购买你的产品的人也就越来越多，那么通过销售100美元，甚至是10美元的产品获得可观利润的可能性也就越来越大。即使有购买意愿的受众不多，一些忠实粉丝也会不假思索地购买你的产品，但是他们可能负担不起2000～3000美元的课程。既然这样，为什么不试着上线一些价格较低的产品呢？

"网络商业精进"课程的创建者杰森·范·奥登将这些多样化的产品称为"上升阶梯"。他说，不能只销售高价课程，却不考虑制作价格较低的产品。你必须认真思考客户终生价值。想一想：如果有人购买了你的产品，他们还可能对什么产品感兴趣？他们还需要什么产品或者服务？如果有人能负担得起高价课程，那么他们肯定能负担得起价格较低的产品，而且他们已经表现出对你教授的方法的兴趣了。既然如此，为什么不继续帮助他们呢？他说，高价课程"只是你要做的第一件事，是他们报名参加的基准课程，他们总会有额外需求，我们可以销售满足他们这些需求的产品"。

我们将在本章探讨如何提供价格较低的产品或者服务，比如电子书、虚拟峰会、订阅服务和线上社群。

创作电子书

电子书是一种广受欢迎的低价产品，易于创作和销售。S. J. 史考特（Steve "SJ" Scott）就采取了这种方式去获得收入。史考特之前专注于网络营销和联盟营销，不过在 2012 年 9 月，他决定通过亚马逊网站自行出版更多的书籍。他现在已经创作了 40 多本书籍，大约每三周创作一本 1.5 万～ 2.5 万个单词的短篇书籍。[1]

他通过这些电子书获得了稳定的收入，他的第 40 本书《习惯堆积：97 个小改变成就美好人生》（*Habit Stacking: 97 Small Life Changes That Take Five Minutes or Less*）成了畅销书。由于这本书大获成功，读者对他有了更多的信任，了解到他还有其他的著作，读者都蜂拥着去购买这些书，因此他的收入猛增，他通过自行出版书籍每月能挣 4 万美元。[2]

但是自行出版也有缺点。第一，亚马逊网站不会透露买家的姓名或者联系方式。这意味着，如果你想要与读者建立联系，就需要采取一些策略。史考特会在电子书里附上额外信息的链接，以满足读者需求。读者点击链接即可在他的网站上访问这些额外信息，他还鼓励读者订阅他的电子邮件。[3]

第二，亚马逊为电子书设定了一般的定价标准。没人想要支付超过 10 美元，最多也不会超过 15 美元。如果你想要高价销售更有价值的内容，你需要自行出版（有时候甚至只用简单的 PDF 形式也行），并在自己的网站上销售，可以使用 E-Junkie 或者 Gumroad 来协助销售。但在自己的网站上销售，你需要自己引流；而在亚马逊网站上销售，网站用户可以通过搜索关键词偶然发现你的作品。但在自己的网站上销售，你能收取更高的费用，从而可能创造可观的利润。

2008 年，帕特·弗林出版了第一本电子书并放在网上销售，主题是绿色建筑认证，当时他就发现在自己的网站上销售电子书可以获得更多利润。他在自己的网站以 19.99 美元一本的价格销售这本电子书，第一个月他就赚了 7908.55 美元。他说："这一个月线上业务挣的钱相当于我从事建筑工作两个半月挣的钱。除了挣得更多之外，电子书销售是半自动的，人们可以登录网站，自行下载和购买书籍，然后书籍就会自动发送给他们。我足不出户便能坐等收钱，这简直太让人心动了。"

听到他挣了这么多钱，你可能立马就想去创作电子书，你很可能会吸引一些顾客，不过不可能一开始就和弗林挣得一样多。随着时间的推移，他通过免费博客与读者建立了信任，读者信赖他所提供的信息，他们的购买意愿也随之提高。而且，因为他定期发布博客文章，博客的谷歌排名不断上升，更多人看到了他的作品。如果你从零开始，你就需要花费一些时间去培养一批粉丝。

然而，一旦你开始创作电子书，它就能为你带来可观的收入。奥斯特罗姆夫妇也发现了这一点。琳赛创作了一本关于美食摄影的电子书，价格为 29 美元，销量超过了 7600 本，创造了超过 22 万美元的收入——这比传统出版商最多的预付款还要高得多。（很难给出传统出版商确切的预付款数目，但是据说 2011 年只有 6% 的书收到了六位数的预付款，而且几乎可以肯定，从那之后，预付款数目开始逐年走低。[4]）

弗林和奥斯特罗姆夫妇给他们的电子书定了一个较低的价格，这些电子书的价格与许多书的价格相近。这样的定价方式切实可行，顾客通常也不会有怨言。不过如果你提供的信息足够专业或者很有价值（尤其是有明确的投资回报率的，比如增加收入的方法），你也可以把电子书的价格定得再高点。

自由作家亚历克西斯·格兰特（Alexis Grant）创作了一本价格为 47 美元的电子书，主题是如何在六个月内将副业转变为全职工作，并获得超过日常工作的收入。[5]基于所处的领域和市场定位，有些创业者对电子书的定价接近 100 美元或者 150 美元。然而，当定价越来越高时，证明一本书"自身"的价值也就越来越难，因为人们已经习惯于 10 ～ 30 美元的价格。如果你想要增加产品的感知价值，你需要丰富产品形式，比如清单、案例研究或者视频。

纳维德·莫泽兹（Navid Moazzez）在 2014 年发起品牌峰会（The Branding Summit）的时候就认识到了这一点。

组织虚拟峰会

莫泽兹是一名来自瑞典的创业者，他立志在互联网领域干出一番事业。当时只有 1000 人订阅他的电子邮件，他想要提高公众知名度，并且扩展人际网络。他意识到通过组织虚拟峰会（他称之为"播客变体"）可以帮助他达成这两个目标。如果采用播客这种形式，则需要持续制作视频，而峰会则是一次性活动，一般通过视频通话的形式采访 20 ～ 30 位思想领袖。

莫泽兹的一些粉丝对采访很感兴趣，为了获得限时免费观看采访的机会，他们会提供自己的电子邮件地址，作为回报，他们可以在限定时间（一般是 1 ～ 3 天）内观看这些视频。如果之后想要继续观看视频，他们可以支付适当的费用（通常是 100 ～ 300 美元）以获得终身访问视频的资格。

莫泽兹知道，如果这些参与者接受这种形式，他就可以利用这次峰会与参与者建立联系并巩固关系，许多参与者也有可能把这个信息告诉自己的受众，那么他的邮件列表用户数将显著增长。所以在 2014 年，他开始为品牌峰会采访知名作家和专家（我就是其中的一个受访者），这些采访以营销和品牌为主题，并以系列在线视频的形式展现出来。

那么莫泽兹是如何组织采访的呢？首先，他制定了一种战略方法，他早就确定了受访者，并与他们建立了联系，之后才邀请他们接受采访。他说："在你提出请求之前，思考你能为他们提供什么有价值的内容。你能做很多事情。你可以在他们的博客上留下认真的评论，并且分享他们的博客内容。如果他们是作家，给他们在亚马逊网站上的书籍留下文字评价。或者也可以是视频评价，这对作家们来说十分难得。"（莫泽兹说得没错。）

接下来，当莫泽兹与潜在的受访者建立了牢固的联系，并且他认为时机成熟时，他就会提出采访邀请。等到采访结束，他会让这些受访者推荐一些有可能适合参加峰会、社会地位较高的朋友。通过热情的引荐，他可以认识一些新朋友。我当初就是被我的朋友——苏珊·罗恩（Susan RoAne），《如何搞定一屋人》（*How to Work a Room*）的作者——介绍给了莫泽兹。

有些人可能认为莫泽兹会先向地位较低的人发出邀请，但实际上，他先向地位较高的人发出了邀请。他说："我决定先邀请一些地位较高的人，他们称得上是顶级受访者，这样我就可以借助他们声誉。然后我会邀请地位较低的人，也就是二级受访者和三级受访者，我喜欢这样称呼他们。之所以这么称呼他们，是因为他们也有大量的受众，他们中有一些人是创业新秀，不过他们的邮件列表中仍有几千名热诚的受众。"

莫泽兹的策略十分周全。非常著名的专家可能不想向邮件列表用户发送电子邮件介绍这个峰会，他们不愿意用这件小事叨扰邮件列表用户。不过他们起了更有价值的作用——他们的出现为峰会增添了权威性，而新秀非常想要认识这些更加知名的同行。（有人会说："我就要与约翰·李·杜马斯和丹尼·因一同参加在线峰会了！"）

正如莫泽兹推测的那样，二级受访者和三级受访者们凭借自己的力量可以推动峰会的进展。即使他们的受众只有几千人，积少成多也可以产生巨大的力量。莫泽兹努力确保有足够多的受访者，为了这次峰会，他采访了足足 88 人，这是虚拟峰会通常规模的两倍多。最终 3000 人订阅了他的电子邮件，他还通过销售峰会的完全访问权限获得了 2 万美元的利润。他给我打了一通 Skype 电话说，"通过组织虚拟峰会，我能够辞掉工作，移居国外"，给我打这通电话的时候他就住在坎昆。

　　一些莫泽兹的模仿者努力榨取峰会的价值，甚至要求参与者签署协议承诺向邮件列表用户推荐这场峰会。莫泽兹认为这种方式太过粗暴，我也这样觉得。如果峰会的内容足够有趣，演讲足够有说服力，那么参与者就会主动宣传这场峰会，这样远比强迫参与者进行宣传好得多。我拒绝参加任何有附加条件的峰会。

　　莫泽兹峰会的成功引起了媒体的关注，一些雄心勃勃的创业者也前来咨询。他们想要知道他成功的诀窍。他承诺会教授自己是如何组织虚拟峰会的，于是开始为客户提供教练业务，并创建了"虚拟峰会精通计划"（Virtual Summit Mastery Program）这门课程。2016 年春天，他上线了这门课程，并首次获得了六位数的收入，收入超过了 18 万美元。

　　除了莫泽兹，还有人通过虚拟峰会获得了巨大成功。迈克尔·斯特尔兹纳在社交媒体面面观网站上的博客和播客十分有名，他不断地制作有关社交媒体新兴世界的精彩内容，从而扩充了邮件列表，也拓展了业务范围。他说："我知道如果有 1 万人订阅了我的电子邮件，那我就可以开始挣钱了。我打算在 2010 年推出社交媒体经验交流峰会，从而实现挣钱的目标。"当时"峰会"还是一个相对较新的概念，还好一些敢于尝试的人相信斯特尔兹纳。他说，1200 人愿意付费参加这场峰会，"我们获得了几十万美元的收入"。这场峰会广受欢迎，斯特尔兹纳决定扩大峰会的规模。他回忆道："后来我们一年举办三场峰会，一次在 2 月，一次在 5 月，还有一次在 10 月。第一年我们就因此挣了 170 万美元。"

但是和所有美好的事物一样，峰会也有生命周期。他说："我们发现，宣传一段时间后，受众就会感到疲倦。"他最后把组织峰会的频率降低为每年一次。所以当你销售数字产品时，你可以根据需求部署多种收入渠道和不同的商业模式。互联网创业者发现，最好的商业模式是开发经常性收入来源，比如在线订阅服务。

试一试

如果你开始研究虚拟峰会，可以从以下几个方面着手：

√ 报名参加至少两三场虚拟峰会，看看它们的组织形式、宣传途径、采访形式和后端销售的运行机制。（如果你订阅了所在领域知名人士的电子邮件，你就可能发现他们经常参加的虚拟峰会。如果没有收获，你可以登录谷歌，输入"虚拟峰会"，你就能找到各种可以参加的虚拟峰会。）

√ 如果你想要组织一场虚拟峰会，你需要确定峰会的主题。我参加的虚拟峰会涵盖了各种主题，包括个人最佳表现、自行出版，以及如何成为所在领域的权威人士。

√ 列出你最想采访的 40 ~ 50 人。把他们分为顶级受访者和二级受访者，顶级受访者即家喻户晓的受访者，二级受访者即广受好评但是知名度相对较低的受访者。你和哪些顶级受访者有联系？你是否已经认识了一些顶级受访者，或者有热心人士能为你引荐这些顶级受访者？如果上述都不能实现的话，现在就开始努力和他们建立联系，你可以为他们的书籍撰写网络评论，也可以开始在社交媒体上分享他们的文章。

√ 当你觉得时机成熟时（你热情的介绍已经让知名人士注意到你了，或者你已经花了一段时间在网络上与他们建立联系），邀请他们参加采访，如果至少有 3 个顶级受访者愿意接受采访，这场峰会就有了较为坚实的基础。

√ 现在列出你理想的受访者名单，标出其中的顶级受访者，然后发出采访邀请。理想情况下，将有 20 ~ 30 人接受你的邀请。制订采访计划并开始制作你的营销材料（既是为了你自己的受众，也是为了方便受访者分享给他们的受众）。在理想情况下，虚拟会议后你的邮件列表用户数将显著增长，你也可能因此获得一些收入。

构建订阅服务

互联网创业者安德鲁·华纳凭借在线贺卡业务大获成功，却在采访邀请上惨遭失败。他创立了视频采访网站 Mixergy，以自问自答的形式回答有关创业的问题。他说，最终"我希望这项业务能够实现收支平衡，这样我就不会重蹈覆辙，把钱白白砸在另一个想法上"。他起初想过接广告，但是最终决定"希望人们真真正正喜欢这个网站，愿意为它付费"。唯一的办法就是认真制作内容。

Mixergy 现在采用了免费增值模式。任何人都能在一周内免费观看所有新增的采访，一周后，这些新增内容就只对网站会员开放了，会员费用为每月 25 美元，或者每年 199 美元。

华纳的电子邮件有 7 万订阅者，受访者可以在他的采访中得到一次免费的曝光机会而且曝光率很高，所以这些知名人士才同意接受采访。他意识到，正是因为有了时间限制，听众才会下载这些免费材料，从而提高了网站的 iTunes 排名。他说："网上有这么多的内容，为什么还要阅读一篇博客文章呢？为什么还要下载一个播客文件呢？……如果没有任何诱因，你根本不会这么做……除非你知道如果你不抓住这次机会，那么只能成为高级会员才有机会下载这个文件。在这种情况下，你就会想尽快地抓住这次机会。"

如果听众非常喜欢某个受访者，或者听众很晚才发现这一系列的采访，那么他们很可能会出手购买。华纳表示，新增订阅者主要是"关注（特定）受访者的听众，为了这个受访者，他们才会主动加入邮件列表"。在他们加入邮件列表后，他们就会收到一些采访样品，然后就会对这些采访产生兴趣。

为了寻找创业失败的原因，华纳创建了 Mixergy。在寻找原因的过程中，他帮助了无数创业者，同时获得了一个持续性的收入来源，从而可以做些自己喜欢的事情。他说："Mixergy 有几千人都是终身制的高级会员。这个业务模式十分成功。"（若想知晓另一种快速获得收入的方式，请阅读"发起众筹活动"专栏。）

发起众筹活动

当你的粉丝数开始增多时，你也可以选择另一种获得收入的方式——众筹。这种方式可能对某些人来说并不适用，但可以在你进行一个项目或者一项活动时提供必要的助力。众筹专家克莱·赫伯特（Clay Hebert）提出了一些关于筹集资金的建议。他参与了150多个众筹项目，筹集了5000多万美元。

培养受众。太多人认为，只要他们把自己的项目放在众筹网站上，就能自然而然地获得资金。赫伯特说："你不应该仅仅把项目放在Kickstarter上，就幻想着人们在浏览Kickstarter时找到你的项目，然后主动给你钱。你需要培养自己的受众，建立自己的平台，以及获得向他人介绍你的项目的许可。"如果你还没有固定受众，他建议先创建登录页面（一个精心设计的网页，人们可以在上面输入自己的电子邮件地址，从而登录网站），并且附上人们感兴趣的赠品，比如撰写完毕的第一章、有助益的练习手册或者资源指南。他的一位客户当时推出了一款高端猫咪玩具Kittyo，他建议这位客户创建一个登录页面，人们可以通过注册账号来赢取猫咪玩具。这位客户找到了一个面向爱猫人士的小众网站，他与这家网站建立了合作关系，并在一个周末的时间里获得了2000封注册账号的电子邮件地址。

尽早开始。Kittyo大获成功（发布后仅36分钟就获得了所需的全部资金，最终筹集到了27万美元），是因为它的创作者很早就开始努力地引导受众订阅他的电子邮件。通过登录页面和赠品活动，他得到了一份爱猫人士的名单，这1.3万爱猫人士在活动一开始就迫不及待地要购买他的产品。在有限的条件下，你还可以通过造势从陌生人那里筹集资金，不过你需要先筹集大部分的资金。赫伯特说，一般而言，"你需要自己筹集 30%～40% 的资金。然后向你的受众推出这款产品，如果你的产品足够吸引人，那么你的受众就会和其他人分享这款产品，你就能再得到大约 30% 的资金。如果你能在两周内得到 60% 或 70% 的资金，那么（通常来说）你就能获得所需的全部资金。"

考虑小众市场。每个人都希望他们的众筹活动出现在国家级新闻媒体或者重要商业出版物上。但是这种情况一般不会发生。不过赫伯特表示，更有趣的是这并不重要。"不要再千方百计地想要在《华尔街日报》上宣传自己的活动了，去试试那些小众网站、博客和脸书群组，那里的人们会对你的活动感兴趣。"与 Hauspanther 的合作对 Kittyo 而言至关重要，Hauspanther 自称是"专为具有设计思维的爱猫人士提供的高端在线杂志"。与《华尔街日报》相比，这本在线杂志的读者数量有限，不过非常适合销售高端猫咪玩具，而商业读物的一般读者则不会对高端猫咪玩具这么感兴趣。还有一件类似的事情，当时有一位纪录片制片人想要制作一部电影，电影内容与退伍军人家庭的孤儿有关，赫伯特建议她认真考虑军人家庭惯常访问的小众网站，以此来向这类家庭宣传这个拍摄活动。让合适的人加入你的邮件列表，才能确保你最终的成功。赫伯特说："如果我们把赠品设置为苹果平板电脑或者苹果智能手表，那第二天就会有 1000 人加入我们的邮件列表，但是这些人不会购买我们的书籍（或者其他产品）。"

寻找最适合的众筹平台。专注于创意项目的 Kickstarter 可能是最著名的众筹网站。但是肯定还有其他的众筹平台。认真浏览每一个众筹平台，评估该平台的参与规则，并且预估你最有可能众筹成功的地方。

比如，几年前，我想要创建一项 Kickstarter 活动，以便为一系列提供商业建议的视频筹集资金，但是该网站的品位很独特，认为这项活动不够有"创意"，所以我没能成功发布这项活动（幸亏没有发布这项活动，感谢你们的拒绝）。

当时我正在忙于出版我的第一本书《深潜：10 步重塑你的个人品牌》，所以最终搁置了这个想法。不过现在回想起来，Indiegogo允许各种项目的存在，对项目没有"创意性"的硬性要求，这个网站可能是一个更好的选择。该平台还提供了两个选项，一个是立即向活动发起方发放筹得的资金，另一个则是等待活动筹集到全部资金后再发放。这一点是选择平台时要考虑的重要因素，因为Kickstarter 上超过 60% 的活动没有筹集到全部资金，这意味着虽然活动发起方筹得了数千美元，但最终却没有收到一分钱。[6]

请记住每个网站向众筹支持者提供"奖励"的政策，以及可能采取的"奖励"形式。发送可供下载的数字资料，这很容易实现。但是印制并邮寄数千件 T 恤（还要确保尺码信息正确）就会是一项繁重的工作，可能会降低你的工作动力。如果你正在准备赠品，你需要预先认真考虑这些事情。

除了 Kickstarter 和 Indiegogo 之外，还有很多其他的众筹平台，其中 Publishizer 专注于帮助作家完成书籍预购活动，而 Patreon 的"经常性捐赠"模式十分有趣，这可能对那些靠艺术谋生的人大有裨益。

在 Patreon 上，支持者不会向某个特定项目（比如你独立制作的电影）一次性提供全部资金。相反，他们通常会选择每月持续提供资金，以支持你的工作（正如网站名称所蕴含的意思一样：成为你的赞助人）；他们也可以为你的每次创作提供资金。比如，假设我是某个播客节目的粉丝，我可以承诺每集出 1 美元，大多数听众都能接受这种方式，因为他们得到了一小时的娱乐，这也是回馈播客创作者的一种方式，听众可能过去都免费享受了他的创作成果。

创建线上社群

创作电子书和组织提供完全访问权限的虚拟峰会是挣钱的极佳方式。此外，还有一种挣钱的极佳方式，那就是创建可以提供经常性收入的会员制网站。创业者的收入很不稳定，因为产品有繁荣和萧条的周期，所以培养稳定的收入来源非常重要。（取消订阅或者不再续订都是正常现象，不过随着时间的推移，你就可以预测订阅的相关数据，从而让收入更加稳定。）

为了获得大量的采访和课程资料，人们订阅了华纳的 Mixergy 网站。如果你能消化完这些资料，那你就相当于接受了大学教育。不过一些创业者发现，会员制网站上的另一个模块——线上社群，更能增加用户"黏性"。

"他们填写注册信息，然后为了社群留在了这里"——这就是杰森·范·奥登在运营网络营销学院时汲取的经验，他创建的网络营销学院是专注于网络营销的会员制社群。比约克·奥斯特罗姆认同奥登的表述。比约克和琳赛创建了一个美食博客社群——美食博主之家（Food Blogger Pro），这个社群有 1800 名成员。在线社群中有 300 多条视频，涵盖从摄影技巧到运营博客的技术建议等内容，提供 WordPress、谷歌分析等信息。比约克说："从长远来看，人们留在社群更多是因为社群成员可以互帮互助。"

睿智的商人早就知道留住老顾客比吸引新顾客更容易。因此，如果一个会员制网站有每月续订或者每年续订服务的业务时，这个网站就会运作得很好。而且，默认续订服务使得续订变得十分简单，也就能留住老顾客。

当今，人们能在网上获得很多免费的信息，可是还有人会花很多钱（一般每月 20 ～ 100 美元）加入线上社群，这听起来很让人吃惊。其实通过妥善的管理，比如社群主持人为讨论设定一个基调，并确保社群成员文明讨论，同时确保内容有启发性，这样就能使得线上社群发挥出真正的价值。

随着时间的推移，当你了解了参与线上社群的人时，你就可以开始与他们建立起真正的关系。我参加的线上社群曾举办过线下会议，以促进社群成员的关系。我还多次向我最初在网上认识的同行推荐业务。当你的社交人际网络和职业人际网络与你参与的线上社群交织在一起时，你将不再是会随意脱离社群的会员，你将紧紧地与社群联系在一起。

打造黏性社群

如何打造有凝聚力的付费线上社群呢？首先，社群内需要有足够人数的成员。如果线上社群只有 5 个人，那么这个社群就不会具有丰富、多样的思想，也就不会产生有用的内容。加拿大创业者斯科特·奥尔福德表示："当你开始创建付费社群时，我真心觉得你的社群不应该只有 12 名成员或者 24 名成员。要想社群正常运作，至少需要 50 名成员。"但是上哪儿去找这么多成员呢？

奥尔福德认为，上线一款产品或者一门课程是理想的第一步。显然，如果有人购买了你的产品，那么他们肯定也对美食博客、网络营销或者与你的产品相关的其他方面感兴趣。这个时候可以提供线上社群，以便他们可以继续学习相关知识。2014 年，莱恩·莱韦斯克上线了一门在线课程，教授他实践过的调查方法，当时他就为课程学员提供了一个线上社群。他调查了课程学员，询问他们是否有兴趣在课程结束后加入付费线上社群，结果 100 多人表示对此感兴趣。

对于早期加入社群的成员，莱韦斯克给他们的订阅费用打了折扣（正常来说每月费用为 100 美元，而他们只需要支付 50 美元），并且他很快组建了一个私人脸书群组，提供了私人会员制网站的访问权限。该网站内容为莱韦斯克与一众特邀嘉宾每月一次的电话培训，培训主题包括从"我如何通过咨询业务获得七位数收入"到"我在生活中每天做出 10 个改变，这些改变让我的工作效率提高了两倍、收入增加了一倍"等。社群成员还能免费使用莱韦斯克的专用调查软件。

仅仅两年时间，线上社群成员人数就从 100 人快速增长到了 2000 多人。在此过程中，莱韦斯克深入思考了怎样才能实现理想的社群体验。他说："这就有点像城市规划，你不能因为已经有了基础设施，就去快速地扩建城市。高速公路、供水系统等都需要随着城市的扩建而发展。"

对线上社群而言，基础设施指的是雇用合适的助手，以便管理成员之间的交流。莱韦斯克说："当社群刚刚创建的时候，只有我一个人。实际上我就是社群的管理者。我负责处理成员的问题，为成员提供支持，还做着评估工作（我需要评价成员的工作成果）。"但是莱韦斯克知道，如果线上社群按照他的希望扩大规模，他就没法独自完成这些工作。他说："在最先加入社群的 100 人中，我最关注的就是活跃成员，他们在社群中的参与度很高，并且能给其他成员提供有力的支持。"

莱韦斯克正在寻找"社群倡导者"，或者某位代理人以确保讨论积极、有益和有效。后来莱韦斯克找到了一位符合要求的候选人，聘用了他，最后还把他提拔为"社群主管"。这位主管负责管理三位新社群志愿倡导者，这三个人需要帮助其他社群成员，并且每周写一篇博客文章，回报则是免费成为社群会员。但是莱韦斯克很快就意识到，这样的安排也不够妥善。他说："这些管理者需要获得一定的报酬。"

扩大社群的风险很高。早期成员已经融入了社群，他们喜欢社群小而温馨的感觉。一批批的新成员带来了新的想法和见解，但也改变了已经形成的关系状态。莱韦斯克说："当一两百人同时涌入社群时，如果你没有妥善处理新成员和老成员的关系，那么老成员就会感觉像有一群难民涌入了社群，从而心生排斥。"

经过试验，莱韦斯克偶然找到了合适的比例：为每 400 名社群成员配 1 位有报酬的社群倡导者。社群倡导者们会认真考虑工作职责，包括吸引新成员的方法，以及确保脸书群组稳定推送社群介绍信息，以免新成员加入时介绍信息如洪水一般涌入。他们为新成员设计了一系列私人消息，鼓励新人们每天完成一个特定的社群任务，比如阅读一篇基础性的博客文章。目的是让新成员适应社群生活，养成参与社群活动的习惯。

请注意，持续运营一个会员制社群可能会让你感到十分劳累。莱韦斯克围绕在线课程建立的社群现在有 5 位社群倡导者、1 位社群主管和 1 位行政助理。他认为这很值得。莱韦斯克问道："如果在一种商业模式下，你需要不断地为顾客提供支持，并且不断地创作新内容，那么这是否值得呢？虽然你需要付出很多，但你可以从社群成员那里问到最好的市场信息，你的顾客、受众和社群成员会告诉你这些信息。他们会告诉你'你需要完善这里，我希望你能满足这个需求'。"在一个活跃的线上社群中，你每天都能调查你的顾客，这样当你提供新的产品或者服务时，你就能确定这个产品或者服务是他们所需要的。

试一试

如果你有兴趣建立线上社群，请思考以下问题：

√ 你能从哪里找到线上社群的初始成员（至少 50 人）？你会向邮件列表用户宣传这个线上社群吗？你会把线上社群定位为

课程或者研讨会的合理延伸吗？

√ 你打算如何促进成员之间的交流？你会问什么问题？你会多久亲自管理一次社群交流？提前规划好管理社群的时间以及围绕什么主题提问，这样你就能维护好社群。

√ 现在开始思考如何扩大社群规模。当社群成员达到一定数量时，你就没法独自管理所有交流和互动。有谁能帮你吗？你需要聘请谁来帮你吗？需要去哪儿找人帮你？一般情况下，你可以将忠实的社群成员提拔为社群管理者，不过你仍需考虑你期望中的管理者职责和报酬是什么样的。

第十一章

利用知识产权开展联盟营销和联合经营

当你有了足够多的受众或者受众足够符合要求时，你就会发现一个新的收入渠道。你可以开始通过联盟关系来获得收入，总的来说，就是你可以将自己的付费顾客引至销售方，从而获得收入份额。

选择这个收入渠道可以获得丰厚利润，特别是当你还没有自己的产品却有了一批忠实的受众的时候。联合经营专家马特·麦克威廉姆斯（Matt McWilliams）表示："不到 1 万美元，你就可以创造一个非常棒的（基于网络）的产品。但如果你的受众真的很少，而且你还想销售三款产品，那么在大多数情况下，花费 6000 美元或 7000 美元来创造一款产品并且投入几十个小时并不一定切实可行。"他说，更好的选择是推销他人的产品，这样"不需费力创造产品就能获得收入"。

　　事实上，我参与的第一个联盟营销活动就是给邮件列表用户发送一封电子邮件，鼓励他们报名参加价格为 99 美元的特色网络研讨会，这个研讨会由麦克威廉姆斯、约翰·科克伦和他们的另一位同行主持，内容与构建人际网络有关。我知道这个研讨会的质量很高，所以我很乐意去推荐它。多年来我发送过很多封电子邮件，但是在发送了这封电子邮件的几周后，我就收到了一张 365 美元的支票，这是我的第一笔销售佣金，我吃惊不已。在这之前我从未通过发送电子邮件直接获得收入。这真是不可思议，直到那时我才意识到我之前一直忽视了其他可能的挣钱方式。

　　本章将着眼于联盟关系的各个方面，包括亚马逊（Amazon）联盟及其他企业的联盟计划，以及如何与其他创业者建立关系（也就是联合经营）。我们将讨论如何组织大规模的联合经营，以及如何找到联合经营的合作伙伴。此外，我们将了解合作的具体细节，包括管理流程、做出承诺，以及最重要的事——维护声誉。

亚马逊联盟

　　由网络零售商运营的亚马逊联盟是最著名、最普遍的联盟计划。如果有人通过点击你的链接而进入了亚马逊网站，并且产生了购买行为，你将在 24 小时内得到利润份额（通常是利润的 4% ～ 8%）。比如，你可以借助博客文章中的产品链接引导人们访问亚马逊网站。"缕缕飘香"的博主琳赛·奥斯特罗姆会撰写一些"核心文章"，也就是针对特定主题，比如用慢炖锅准备饭菜，发表一些有深度的权威文章。她会推荐某些品牌的产品，提供有效使用这些产品的技巧，还会配上相关的食谱。对于每一个她提到的产品，如果亚马逊有售，她就会附上一个专门的链接，这样就能通过联盟营销来赚取收入。

我通常每个月通过亚马逊联盟获得 100 美元到 300 美元的收入，虽然数额不多，但是这个额外的收入来源不需要额外付出些什么。有些人则通过亚马逊网站获得了不菲的收入。Problogger 网站的达伦·罗斯（Darren Rowse）估计，他在过去的 13 年中通过亚马逊联盟计划获得了 60 多万美元。[1]

试一试

首先，请设置你的亚马逊联盟账户（搜索一下，你马上就能找到正确的页面）。然后，可以考虑以下几点：

- √ 思考你可以重点展示的产品（如果你的博客与美食相关，你可以展示慢炖锅和厨房用品。如果你的博客与商业相关，你可以展示书籍、办公用品或者某种类型的软件）。思考你可以创作什么内容以便自然而然地展示这些产品（比如分析哪款慢炖锅的性能最好，或者如何利用某款办公用品以提升工作效率）。

- √ 为了让读者一直信任你，请务必公开你通过推荐哪款产品获得了联盟营销收入。

与其他企业建立联盟关系

和亚马逊合作不必太费心，因为亚马逊值得信赖，而且亚马逊销售的商品种类繁多，所以不管是书籍、相机还是健身设备，你都能附上相关链接。缺点就是酬劳相对较低。

其他企业也有联盟计划，如果利用得当，参与者就能获得丰厚的利润。2010 年，帕特·弗林推出了一个名为“小众网站 PK”（Niche Site Duel）的项目，在该项目中，他和他的朋友各自从零开始创建网站，专注于他们之前并不了解的行业（弗林选择了保安培训）。弗林回忆道：“我们会比比看谁先挣到钱，如果双方都能挣到钱的话，我们还会比较谁挣得多。”他们会公开记录各自的努力，不管是好的结果，还是坏的成绩，通通都会分享出来。

弗林向读者介绍了他借助关键词研究工具选择小众网站的过程，并且展示了他是如何建立一个为保安提供培训的网站，以及是如何开始引流的。他用博客文章详细地记录了网站发展的每一步，并且将正在使用的工具附上了联盟链接。（阅读“联盟营销与人际网络”专栏，深入了解如何为联盟合作伙伴吸引更多流量。）

弗林回忆道：“不到 73 天，我就在这个网站上挣到了第一笔钱。”读者的响应十分迅速。“有一天，我分享自己的经历，我说，在谷歌搜索中输入‘保安培训’，第一个出现的就是这个网站，而且我凭借这个网站赚到了钱。就在那天，我的联盟营销收入……涨了 10 倍。这证明我所做的确实有效。”时至今日，弗林有很大一部分的收入来自和几家供应商的联盟营销，他在介绍基础商业工具的时候推荐了它们，分别是提供网站托管服务的蓝色主机（BlueHost）（仅 2017年 3 月就给他带来了超过 3.1 万美元的联盟营销收入），提供电子邮件服务的 AWeber 和 ConvertKit（当月给他带来的收入接近 1.5 万美元），以及帮助你尽可能地吸引他人订阅电子邮件的工具 LeadPages（当月给他带来的收入超过 0.7 万美元）。[2]

试一试

如果你所在的领域有值得你尊重的知名人士，请考虑以下几点：

√ 订阅他们的电子邮件，看看他们是否会推销课程或者其他产品。（如果有的话，请购买这些产品，这样你就能更熟悉他们的工作。）如果他们确实会推销产品，那么他们很有可能会提供联盟计划。你可以访问他们的网站以查看更多信息，或者直接发送电子邮件来询问相关信息。

√ 如果你衷心地支持着他们的工作，即使你的邮件列表用户数不多，他们也会注意到你并做出回应。众所周知，粉丝是最好的宣传者，因为粉丝会讲述自己是如何从这些知名人士的产品中受益的。

联盟营销与人际网络

当你推荐一款产品，并通过链接引导人们访问亚马逊网站时，你可以获得较为满意的额外收入。不过你也可以把联盟营销当作构建人际网络和建立人际关系的有效方式。

塞琳娜·素早已熟知这一道理。除了销售自己的产品（比如"收获名声，收获客户"课程）她还和其他互联网创业者建立了联盟关系。她很高兴自己能够获得额外收入，不过她的主要目的不是获得收入，而是表示忠诚。她说："我主要参与了两个我的两位导师的联盟计划，一个来自拉米特·塞西，另一个来自莱恩·莱韦斯克。当遇到这类的事情时，我确实会变得好胜。"

素认为，帮助导师宣传他们的产品，有助于她与他们建立更深的关系，同时也表达了自己对导师提携的感激之情。回想当时帮莱韦斯克宣传试验阶段的智囊团的心境时，她说："我记得当时一心想着，我必须得赢，我必须得争第一。不然我会感到愧疚……我要让莱恩知道我的能力。"

许多同意帮忙宣传的人可能会发送一封没有太大诚意、复制粘贴而成的电子邮件。但是素决心使她的电子邮件脱颖而出。她回忆道："在某个星期五的晚上，我给邮件列表用户发送了一封电子邮件，这封电子邮件对他们而言都有点神秘。我告诉他们，'你想不想加入一个特殊的 VIP 社群，在这个社群中你可以得到来自世界上最优秀的创业者的私人反馈。我已经加入了这个社群，我十分依赖它帮我发布产品，这个社群在许多方面都深深地影响了我。加入社群的通道已开放，不过时间有限。这封电子邮件只是一封邀请函，如果你有兴趣，请回复这封邮件。'"

不少人表示很感兴趣。在接下来的两天内，800 人回复了素的电子邮件。

然而，素并未就此止步。她向报名参加莱韦斯克联盟计划的订阅者免费赠送了些材料，包括两场网络研讨会的录音材料和一份长达 50 页的 PDF 文件，这份 PDF 文件总结了她上线在线课程的运作方式。

素提及了自己和莱韦斯克的私人交情，证明了自己从社群中得到的益处，并且提供了额外的福利，她这种宣传产品的方式十分奏效。最终 127 人报名成为试用会员，加入了社群，素赢了竞争，并获得了与莱韦斯克单独讨论一天的资格。她还顺便获得了 6000 多美元。她回忆道："从每笔交易中，我都能获得 50 美元。如果是个 2000 美元的联盟计划项目，我一般（通过联合经营）就能获得 1000 美元的佣金。虽然这次挣得比以往少得多，但是这次主要是为了支持我的导师。"

建立联合经营伙伴关系

创业者一般与企业，比如亚马逊，建立联盟关系。不过创业者也可以与其他创业者建立联合经营伙伴关系。如果你和某人关系很好，而且你们的产品和目标领域适合联盟，那么联合经营将有助于你们互相引流，互惠互利，获得丰厚收入。

正是意识到了这一点，顾问多夫·戈登（Dov Gordon）才在 2009 年左右推出了私人邮件列表服务，也就是联合经营营销智囊团，这个智囊团汇聚了 100 多位有兴趣相互了解，并且有可能建立联合经营伙伴关系的创业者。

戈登一直在寻找一种营销咨询业务的方法。他最开始把目标市场定位为小型企业和创业者，但是传统宣传方式太过昂贵。同时，他发现创业者间的联合经营似乎很有前景。

下面我来举例说明联合经营是怎么运作的。在我和戈登达成伙伴关系后，我向我的邮件列表用户发送了一封电子邮件，宣传他正在组织的关于如何改进营销流程的免费远程研讨会。我解释了我和戈登的关系、我对这场研讨会的重视，以及用户可能会感兴趣的原因。当我的粉丝报名参加他的远程研讨会时，他们就成了他的邮件列表用户（不过他们也可以随时退订）。

通过我或其他合作伙伴的一次宣传，戈登就可能收获了几百个邮件列表用户。他说："通过这种方式，你就能扩展邮件列表，并且发展你的业务。"联合经营的额外好处是不需要预先支付费用。戈登在刚开始创业时，他说："我身无分文了。"除非在合作伙伴的宣传下，有人购买了他的产品，他拿到了钱，否则他就不需要向联合经营的合作伙伴支付佣金。在我的这个案例中，我的几位订阅者都购买了戈登的咨询服务，我就因此赚取了3500美元的联盟佣金。

这一切在理论上听起来都不错，但是戈登表示，是因为他选择了合适的合作伙伴，联合经营营销智囊团才发挥了真正的作用。他先是找到了受众相似的潜在合作伙伴，订阅了他们的电子邮件，在之后的几周或者几个月内观察他们，判断他们能否成为合适的合作伙伴。

如果潜在的合作伙伴没有定期给列表用户发送电子邮件或者似乎没有宣传其他合作伙伴的产品，即使他们是知名人士，戈登也不会考虑与他们合作。另外，如果有人接受联合经营，但是习惯大肆宣传且以销售为导向，那么戈登也不会考虑这些人，因为他们的宣传风格与自己不相符。对于那些合适的候选者，他最后会发送一条简短的信息："你好，我已经订阅你的电子邮件几个月了，而且我一直在关注你的工作。我认为你可能有资格，或者很适合加入我的联合经营小组。"然后再简要地说明一下这个小组。

现在，近十年过去了，这个社群的新候选人几乎总是由现有成员推荐而来，不过找到合适的初始成员对社群的发展而言至关重要。戈登在寻找的是愿意与社群成员分享建议的合作伙伴，或者是至少愿意帮助与自己关注领域一致的部分成员推广项目的合作伙伴。

戈登培养的联合经营关系对他的成功而言至关重要。他说："我的大部分顾客都来自这些合作伙伴，我的邮件列表用户数也因此从几百人扩展到了一万多人。"

建立大范围的联合经营伙伴关系

戈登通常会与合作伙伴一年开展一场网络研讨会。此外，联合经营伙伴还能合作宣传限时产品，这种联合经营营销活动需要精心的筹划和协调。戈登的联合经营营销智囊团中的一名成员，马特·麦克威廉姆斯，就经历过这样的事情。

麦克威廉姆斯表示，他第一次尝试网络营销就惨遭失败。21 世纪初，他和其他人共同创办了一家售卖保险业销售线索的企业，他认为能在网上找到足够多的销售线索。他花了 4000 多美元购买横幅广告，结果只挣了 8 美元。他遗憾地表示："不要把钱都花在一个地方。"

显然麦克威廉姆斯需要一个更好的方法。后来，就像戈登一样，麦克威廉姆斯了解到了联合经营，他欣喜地发现，在联合经营方式中，只有真正获得了销售收入，才需要支付费用——他不用再担心投入数千美元却没有一丁点回报。最终，他的企业发展壮大，每年收入超过1200万美元，员工数量超过50人，并且他积累了丰富的联合经营营销的专业知识。现今，他在一个新项目中帮助像博恩·崔西（Brian Tracy）、刘易斯·豪斯（Lewis Howes）和杰夫·戈因斯（Jeff Goins）这样的作家和创业者管理联盟关系。

杰夫·沃克在产品上线方法中提到，他正是以"联合经营"的概念为基础开发了一门广受欢迎的同名在线课程。你应该以小范围或者试点发布为起点，检验你的想法，看看人们是否确实想要购买你的产品或者服务。一旦确认了人们有购买意向，你就可以开展"内部发布"，向邮件列表用户发布并销售产品，因为这些人已经对你的产品有了好感，对你本人也十分信任。最后，当你有了更多经验，并且确定这款产品令人满意且有效时，你就可以向更多的受众发布这款产品，也就是用"联合经营"发布。如果发布得当，你可以获得数十万美元甚至数百万美元的收入。

麦克威廉姆斯说："无论你的受众有多少——无论你是托尼·罗宾斯（Tony Robbins），邮件列表中有100万用户，还是刚刚起步，邮件列表用户只有500人……凭借自身力量能够销售的书籍或者其他产品的数量都是有限的。你不可能不与他人合作就能拓展销路。"

寻找联合经营合作伙伴

那么如何找到自己的联合经营合作伙伴呢？戈登长期"追踪"联合经营营销智囊团的潜在成员，以确定他们是否能成为合适的合作伙伴，麦克威廉姆斯也一样，他和他的同事在更大的范围内做着同样的事情。麦克威廉姆斯说："每一天，包括你和我讨论的这个当下，我的虚拟助手团队都会在互联网上搜寻潜在的联合经营合作伙伴。我们几乎订阅了所有网络营销人员的电子邮件。我们有一个谷歌邮箱每天都会收到 1000 多封电子邮件。"

订阅邮件的目的就是查看谁正在宣传些什么，了解他们的整体宣传风格、特点和兴趣。一开始，麦克威廉姆斯会主动介绍自己，并且可能为他们的发布提供一些支持。随着时间的推移，麦克威廉姆斯和他们逐渐建立了融洽的关系，他就会单刀直入："你好，我们的一位客户正在发布产品。你愿意帮忙宣传一下吗？我觉得这款产品也适合你的受众，因为以下几点……"

不过，即使没有和麦克威廉姆斯一样多的联系人（以及管理这些联系人的虚拟助手团队），你也可以找到合适的联合经营合作伙伴。朋友和同行的推荐通常是找到合适联系人的最佳方式。即使没有人推荐合作伙伴，你也可以依靠谷歌寻找合适的合作伙伴。麦克威廉姆斯建议搜索你所处的小众领域中的有关术语，比如"吉他教学联盟"，这样有助于建立相关网络营销人员的资料库。

麦克威廉姆斯表示，如果你想要循序渐进地建立关系，最好的方式就是"慢慢接近他们并逐渐与之交好，在推特上关注他们，分享他们创作的内容"。或许你也可以直接请求他们给你的课程提出意见，或者帮忙宣传，这种方法不太可取但是仍然可行，有人会同意你的请求。

不过寻找联盟合作伙伴的最佳方式可能还是先成为他人的合作伙伴。麦克威廉姆斯说："我认为我们一生中总会敬仰某些人，我们给他们发送一封或者两封电子邮件，但他们从不回复……我不怪他们。当你帮某人赚钱时，情况就会不同了。比如，当我帮忙宣传某人发布的产品时，我做得很好，帮他们赚了 5000 美元或者 1 万美元或者 2 万美元。"这就会激发他们的互惠意识。如果你们的目标受众一致，他们就更有可能关注你的工作，愿意主动提供帮助，甚至可能成为你的联合经营合作伙伴，帮忙宣传你的产品。

试一试

如果你要开始寻找潜在的联合经营合作伙伴，可以尝试以下操作：

- √ 订阅你所在领域的创业者的电子邮件。看看谁的方法能引起你的共鸣，以及谁似乎已经参与了联合经营。
- √ 花时间了解他们。如果你们参加了同一场会议，请向他们介绍自己。开始在社交媒体上关注他们并分享他们的帖子。等到时机成熟，主动要求向自己的邮件列表用户宣传他们的产品。久而久之，你们就会熟络起来，并且建立互惠互利的关系。

管理产品发布活动

寻找联合经营伙伴只是第一步。一旦你确定了联合经营伙伴，你需要为他们提供相应的材料，以便他们可以顺利地宣传你的产品。你可能需要提供他们可以使用的图表或者横幅广告，或者发在社交媒体上的文案模板。不过最重要的还是"快速文案"，也就是电子邮件模板，邮件内容包括你是谁、你的产品是什么，以及购买后可以获得的益处，你的联合经营伙伴可以依据这个模板给他们的受众发送电子邮件。一般而言，产品发布活动会持续数周的时间，所以你可能需要为联合经营伙伴提供十几个电子邮件模板，不过大多数合作伙伴不会把这些邮件全都发给受众。麦克威廉姆斯说："我们建议你编辑一下电子邮件模板，并用自己的语言表达出来，这样的文案才能引起人们的兴趣。这个文案应该包括关于产品的一些事实，以及一些类似'该视频将涵盖四个要点'的内容。"

你需要为你的合作伙伴提供文案范例和其他材料，但是这还不够。麦克威廉姆斯说："每个人对何谓'宣传'有不同的定义。"有人可能愿意支持你的产品发布活动，并且确实想要帮助你，但是如果这段时间比较忙，他们可能在承诺帮你宣传后，只发送一条推特。这样的话，他们就没法挣到联盟收入，不过联盟收入可能不是他们的主要收入来源。但这是你的产品发布活动，如果你的合作伙伴几乎背弃了承诺，对你来说这可能会是巨大的失败，你会损失数千美元甚至数万美元。鉴于此，你必须让他们积极履行自己的承诺。

常见的激励方法是发布实时最新的"排行榜"，展示各个合作伙伴贡献的注册数或销售额。这种想成为第一名的追求毫无疑问激励着塞琳娜·素帮助莱恩·莱韦斯克积极宣传产品。麦克威廉姆斯说："因为大多数商业人士都好胜。"当然，如果有人告诉麦克威廉姆斯自己不喜欢排行榜，他就不会把这个人的名字放在上面。不过总体而言，他发现排行榜可以激励人们帮忙宣传，他通常还会设置一些受欢迎的奖品，合作伙伴通过竞争可以赢得这些奖品。

比如，我最近参加了一场备受瞩目的虚拟峰会，一等奖的奖品是1万美元或者一次大峡谷的旅行机会，二等奖的奖品是4000美元或者按摩椅，三等奖的奖品是2000美元或者无人机配套设备。但是，很少有合作伙伴会根据获奖概率来决定是否同意推广你的产品。相反，他们的决定取决于他们对你的产品的尊重程度，以及他们的受众可以获得多少价值。

事实上，在我第一次开展联合经营活动时，我没有设置排行榜和奖品，部分原因是我不知道自己会有多成功，而且我也不想过度承诺。我的联盟合作伙伴只要卖出东西就能收到佣金，我也会表达自己的感激之情，这是我对他们唯一的承诺。

最终我成功地与42位伙伴签约合作，他们中大多数人的主要目的就是帮助我宣传产品。我曾经参加过其中一些人的联盟营销项目（这是巩固联系的好方式），另外一些人是经由朋友介绍的，或是曾经为了在博客或者播客采访我而有过接触的。为了保证产品发布活动的完整性，并且确保人们受到了正当的激励，你最好先从朋友和现有人际网络开始，然后慢慢地向外扩展，与其他人建立合作关系。

做出承诺

除了排行榜之外，另一个激励方法就是促使人们预先做出承诺。麦克威廉姆斯回忆了自己帮助丹尼·因宣传产品的经历。因没有和每个有资格的联合经营伙伴签约，他提出了一个要求：如果想要参与产品发布活动，就必须同意事先参加一个电话会议，和他详细讨论发布策略，并且确定确切的宣传时间和频率。

事先参加电话会议确实能够激励合作伙伴，至少对麦克威廉姆斯来说有作用。麦克威廉姆斯说，在因的产品宣传期间，他在一个周六下午的晚些时候感到了疲倦。他回忆道："我只想快点完成工作。漫长的一周结束了，我当时就想，'谁懂这种感受？我明天不想再写电子邮件了。我受够了。'"

随后麦克威廉姆斯开始感到内疚："不能这样想，说好了要发送 9 封电子邮件……现在才只发送了 6 封。你明天还需要继续写电子邮件。"第二天，他完成了余下的任务，并由此多赚了 4000 美元，不仅如此，他还获得了一次免费旅行的机会，可以前往亚特兰大和因一同参与智囊团活动。他说，他之所以努力完成任务，是因为"脑海中有个声音告诉我'不行，你需要说到做到'"。现在麦克威廉姆斯也会在签约前让联合经营合作伙伴参加电话会议。

因广泛地研究了产品发布活动，并且解释了此策略的依据。他说，通常情况下，"销售的 80% 或者 90% 来自排名前五的合作伙伴。我一直有偏见地认为这种情况并不合理。如果发生了这种情况，那是因为通常只有排行榜上排名前五的人充分运用了自己的能力，认真完成了宣传工作。这时，我就在想，'我们是否可以帮助每个合作伙伴都尽其所能呢？'"

　　因的首要原则是，只和可以全身心投入产品发布活动的人成为合作伙伴。如果有人无法承诺在一到两周的高峰期内专注于产品发布活动，即使这些人的受众很多，因也不会和他们合作。因在Skype上和每位合作伙伴都进行了长达一个小时的交谈，同他们详细地讨论产品发布方案，还要求他们记下自己的承诺，要求他们按照承诺的时间和方式给邮件列表用户发送电子邮件。他说："我花了40个小时，或更久的时间来做这些额外的工作，这也许就是我多挣了100万美元的原因。"

试一试

　　在推出自己产品的联合经营项目之前，确保你已经参加了多个由他人推出的联合经营项目，这样你就能了解联合经营的最佳案例，也能找到感兴趣的方法。花些时间认真筹划你的产品发布活动。可以思考以下问题：

- √ 我会找到多少个合作伙伴？
- √ 这些合作伙伴具体是谁？（如果你现在和这些人没有建立牢固的联系，从现在到产品开始发布的这段时间，你需要做些什么以加深你们之间的联系？）
- √ 你会提供哪些材料和快速文案，什么时候提供呢？
- √ 你会要求合作伙伴必须预先参加电话会议吗？如果是的话，你会推荐什么行动方案以便他们充分发挥自身能力为你宣传产品呢？

维护声誉

"你举办了一场精彩的网络研讨会，对此我表示十分感激。这场研讨会组织得很好，发人深思，给了我一些扩展业务的想法。"

这是在和联合经营伙伴开展了一场网络研讨会后，我收到的一条来自电子邮件订阅者的感谢消息。好的合作关系就应该像这样——你应该给你的粉丝带来积极影响。不过你的联合经营合作伙伴并不总是会感谢你，所以你需要认真维护自己的声誉。毕竟，作为一名创业者，你的声誉无法用钱来衡量，失去声誉，你就失去了一切。

从 2015 年秋季开始，我就在实践一些联合经营项目，当时我尝试每个月组织一次或者两次网络研讨会，我定下了一些受众可能会感兴趣的主题，比如建立人际关系、开展专业演讲、运用营销策略等。其中一些联合经营项目非常成功，我和因一起组织了一场网络研讨会，宣传他的在线课程，仅仅两个小时我就获得了 1.1 万美元的联盟收入。然而，另一些网络研讨会就没这么成功，如果综合考虑筹划、宣传、协调和主持网络研讨会的时间，最终会发现这些活动得不偿失。

正如麦克威廉姆斯所建议的那样，在创建自己的在线课程之前，我参加过许多不同的联合经营项目，试图摸清其中的门道。很快我就发现似乎有一套标准化的最佳做法。在整个产品发布周期内，我会收到麦克威廉姆斯提到过的快速文案和工作步骤信息。

随着我对联合经营网络研讨会有了更加深入的了解，我还发现似乎有一套特有的陈述方式。陈述通常会从情景设置开始，然后演讲者会说明他们目前遇到的困难（寻找客户，建立人际网络等）。接着他们会说明该如何解决这个困难，解决之后生活发生了怎样的改变，他们还会分享解决方案的具体信息。最后他们会建议感兴趣的听众报名参加课程或者咨询服务，以便进一步学习他们的经验。

总体而言，这套陈述方式行之有效。毕竟，只有说明为什么某个问题值得关注，以及为什么你有能力帮助大家解决问题，你才能尽可能地提高销量。但是有些互联网营销人员没有职业道德，他们可能为达目的不择手段，当然我也尽可能地远离这些人。多夫·戈登在谈到某些营销人员的陈述方式时，表示："有很多营销人员模仿这套陈述方式，以至于很多人的陈述听起来都一模一样。"

网络研讨会的最佳结果是，即使参与者最终没有购买产品，但他们也能从中得到有用的信息，能有所收获。但是那些假充内行的营销人员经常会在网络研讨会开始的时候浪费很多时间来讲述一个典型的逆袭故事，而他自己则是这个故事的主角。他会详细描述他的人生低谷，当时他破产了，体重超标，还面临着婚姻危机。然后他通过一些神奇的策略来扭转乾坤，他总是说马上就来揭秘这些神奇的策略，但实际上从未告诉过大家真相。之后他展示了大量图片，他的豪宅、幸福的家庭和豪车，以突显现在的富有，但对扭转乾坤的细枝末节只是一带而过。这90分钟的铺垫最终激怒了聪明的消费者，只吸引了很小一部分的人。

如果你和这样的人合作，你的粉丝会把你和那个人归为一类人。因此我只同意和自己认识的人，或者关系亲密的同行推荐的人合作开展联合经营网络研讨会。在同意合作之前，我总会与他们进行一番详谈，核查他们的材料，确定他们资质合格、能力过关。你也应该像我这样谨慎行事，因为联合经营网络研讨会相对来说比较容易组织并且可能有利可图，但是如果你选错了合作伙伴，就会面临严重的名誉风险，你的受众也会追究你的责任。

虽然我已经采取了措施来筛选合作伙伴，但我仍然收到了受众对某些合作伙伴的投诉。我曾经引用过一个人的评价，还称赞过他，他写的材料确实很棒。但是他会疯狂地发很多电子邮件，不断地给参加网络研讨会的人发送提醒信息。有位参加网络研讨会的人写道："他有一些很好的想法，在创业方面也成就斐然，但是我很讨厌他的这种高压销售策略和无穷无尽的电子邮件。可能只有我有这种感觉吧，也许营销就是以量取胜……但是我只觉得他缺乏教养，真的没有素质。"

当我在研究网络研讨会最佳案例时，令人烦恼的是，无论是网络研讨会还是后续活动，这种"没有教养"的方法似乎经常起到出人意料的作用。即使是有真才实学的营销人员也不得不承认这种方法确实能起作用。毕竟，聪明的商人不就应该仿效行业的最佳案例吗？

即便这种方法有用，你也需要注意：这种方法会给你的品牌造成长期的负面影响。如果不向邮件列表用户发送第十五封电子邮件，提醒他们"购物通道即将关闭"，那么你就真有可能少赚几千美元。但是如果你打算长期发展多种收入来源，而非在短期内获得最多的收入，你就不能使用这种方法。

当提到这类低劣的销售策略时，戈登表示："我不会使用这类策略，因为我在寻找特定类型的客户。我不知道这样做是否正确。我不知道使用这类策略是否能取得更好的成果。我不了解这类策略，老实说，我其实不在乎，因为我只想展示真正的自我。"

若想取得真正的成功（除了获得收入外，还包括为自己建立一条可持续发展的职业路径，建立长期良好的声誉），你需要像戈登这样故意忽略某些策略，因为你还有更重要的任务要完成。这样你才能长久地享受自己喜欢的职业和生活。我们将在最后一章讨论这个问题。

试一试

如果你有一门在线课程或者其他产品，请开始准备自己的联合经营网络研讨会吧（准备大约一小时的内容，首先简短地介绍和推销你的产品，然后花上15～20分钟的时间开展问答环节）。现在，你可以做以下事情：

√ 你可以先在自己的受众中检验网络研讨会的效果。人们有怎样的反应？销售情况如何？根据这次的效果来优化你的网络研讨会，然后再考虑面向更多的受众开展网络研讨会。

√ 列出可能愿意让你参加网络研讨会的潜在联合经营合作伙伴。理想的合作伙伴应该是你尊重的人，并且你们之间的关系很是融洽，他们讲述的内容应该是受众不太擅长的领域。如果网络研讨会（以及后端课程）的主题是如何建立演讲事业，而参加会议的联合经营伙伴的受众正好熟悉这方面的内容，那你就会很尴尬。但是，如果你的网络研讨会是关于如何通过写书建立自己的平台，或者如何在演讲活动上销售自己创建的产品的，那就有可能获利丰厚。

√ 最开始和一两个关系特别密切，并且愿意互帮互助的人建立合作关系（即他们愿意面向你的受众开展研讨会，同样你也愿意面向他们的受众开展研讨会）。有时你们不需要互相支持（因为有时候他们的受众适合你来开展研讨会，但你的受众并不适合他们来开展研讨会），不过这仍旧是着手开展网络研讨会的好方式，而且通过这种方式你可以和值得信赖的合作伙伴加深联系，并且齐心协力解决问题。

第十二章

过向往的生活

所有的创业者都希望开创一番事业，从而获得收入。不过对大多数创业者而言，钱是次要的，他们真正的目标是自由——按照自己的想法过上独立的生活，从事一份自己热爱的工作，有时间做最重要的事情。但是，当事业发展得越来越好时，你会发现你渐渐丧失了自由，你忙于挣钱，忙于接受每一项工作安排，而没有学会如何说"不"，结果无法专注于工作中你真正喜欢的方面。

迈克尔·邦吉·斯坦尼尔就面临过这样的难题。我在前面提过这位多伦多的创业者，他的创业项目"一盒蜡笔"（Box of Crayons）业务内容是培训管理者有效地指导员工。虽然他一开始是直接培训高管，但是他回忆道："有那么一刻，我意识到其实我不怎么喜欢培训他人。"他喜欢帮别人改变行为，但是"这太孤独了，人与人之间的交流太少了，很难获得我所需要的能量"。尽管他通过这项业务挣了很多钱，但他意识到他需要停止这项业务，建立一个更适合他的性格、更具可持续性的业务模式。

同样，对广受欢迎的"智慧分享会"的组织者杰森·盖尼亚而言，似乎很容易就能组织一个更加独特、更加高端的智囊团活动。他决定把一群创业者聚集起来，每三个月举行一次为期三天的旅修营活动，用盖尼亚的话说，"这个活动非常精彩，是一次千载难逢的机会。"每次旅修活动的第一天是"体验"日，参与者会参加一个有趣的活动，比如太阳马戏团、苹果公司园区的苹果大学或者艾莉娅赌场酒店的幕后之旅，以此来增强团队凝聚力。

第二天是分享日，参与者可以分享他们的创业难题，并且互相学习。第三天是学习日，盖尼亚会邀请外部专家面向参与者发表演讲。特别是考虑到面向这些精英设定的价格（每人每年 2.5 万美元），谁能不心动呢？

但是盖尼亚发现，"智慧分享会"是一项令人疲倦、同时振奋人心的活动，但是旅修活动只会令人精疲力尽。他说："旅修活动没有为我补充能量，反而消耗了我的精力。我以为我会享受这个活动，但其实并没有。"在投入了数十万美元后，他在两年后暂停了这个项目。有时候，为了维护自己的幸福，你需要对挣钱说不。

有一个策略可以让这件事变得容易得多，那就是控制自己的整体支出，这样你就不会为了挣钱而疲于奔命。事实上，努力成为公认的专家并建立成功的事业需要时间，而且在一段时间内这是一场零和博弈。你需要从短期创收业务上抽出时间投入到能长期增长的业务中。

2011 年到 2012 年间，我的总收入下降了将近 12 万美元，当时我专注于平台建设活动，拒绝了那些会让我停滞不前的业务。第二年，在我的第一本书出版后，我的收入才有所回升，直到 2014 年，才完全恢复到常规水平。

我现在的收入比之前的收入峰值（2011 年）要高得多，但是，即使许多人陷于终究无法满意的业务模式中，他们也不愿意放弃有保障的短期收入去追求有可能获得的长期收入。

有些人的选择导致自己难以追求长期目标，就像给自己铐上了一副金手铐——需要支付高额的房贷（我在建立业务时，特意住在了"新兴"社区的公寓里，这样做不仅降低了住房费用，而且如果开展业务遭遇挫折的话，我也不会身负太大的压力）。不过，如果你能大幅度削减开支，你可以选择戴上那副金手铐。

减少支出之后，你就会拥有更多的业务自由，特别是有更多的精力去追求那些短期回报率低却很有价值的业务。现在我的年收入很大一部分来自专业演讲——这是一项不受地点限制的业务，我可以乘飞机去往会议现场和会见客户，从而开展演讲。

如果我没有专注于通过博客建立个人平台（我并没有因此获得多少收入），或者没有专注于出版书籍（因此会议组织者和高管注意到了我，如果我一直从事之前的业务，基本通过推荐结识他人，那么我永远不会和他们产生联系），自然也就不可能形成这样的业务模式。

我们将在本书的最后一章，也就是本章，讨论如何利用作为创业者的自由，获得收入，同时创造真正想要的生活。我们将分析商业增长的利弊，然后探讨诸如雇用虚拟助手、获得你可能需要的其他帮助、决定建立你真正喜欢的业务、收获旅行的回报、行使选择的自由，以及管理时间等话题。最后我还反思了我们为什么要工作，以及如何明确自己在工作中的真正追求。

试一试

当你考虑想要建立哪种业务，以及如何构建生活方式时，请思考以下问题：

- √ 从管理工作到核心业务职能，你最不喜欢业务的哪个方面？怎样才能摆脱这种业务，转向新的业务模式？
- √ 相较而言，削减哪方面的开支比较容易？（削减开支不是为了过苦行僧式的生活，而是为了发展业务时有更多的灵活性。）

商业增长的利弊

世界上有很多像理查德·布兰森这样的企业家，他们拥有着庞大的、价值数十亿美元的商业帝国，由此可以看出我们崇尚商业增长。为了实现你的目标，增长可能就是你需要关注的事情。德里克·哈尔彭就意识到了增长的重要性。

哈尔彭现在运营着以营销和心理学为主题的网站牵线搭桥。当年他凭借一台笔记本电脑，以一己之力创建了这个网站。直到有所收益后，才雇了一名员工。当我为了撰写本书采访他的时候，他已经有了十几名员工。他说："当你的业务发展到这种程度的时候，你就会意识到持续增长的重要性。你也开始意识到一个重要的事实，如果你搞砸了，不仅你的生活将会发生改变，而且还会波及 15 个人的生活。我做事总会全力以赴，我也有能力承担风险，但是我想要确保当某个风险发生时，15 名员工的生活也不会陷入危机。"

十多年前，在开展咨询业务之前，我运营一家小型非营利自行车倡导组织，当时我也略微感受过这种压力。在这之前，我还做过压力明显更大的工作，比如为总统竞选做新闻报道，夜里还会被记者的紧急电话吵醒，那种持续性的压力很难避免。

但是从生存层面而言，经营非营利组织是目前为止压力最大的工作。当时我手下有一些员工，我需要支付他们的工资，而董事会又不怎么负责筹集资金。如果想要这个组织继续运行，我就需要想方设法地自行筹集资金。"你为什么彻夜难眠？"这是个老生常谈的问题，创业者通常抛出这个问题以刺激顾客的痛点。但是我确实会在半夜醒来，思考如何才能获得捐款或者服务收入，从而支付员工的工资。

我在这个非营利组织当了两年的领导，然后就辞职了，有些人可能认为此举太过冒险。对推崇稳定工资的人而言（在第一份工作中被解雇后，我就不再对稳定工资抱有幻想），创业的风险似乎很大。但对我来说，开展个人咨询业务的风险实际更小。当时我一直依赖非营利组织的微薄工资生活，我知道，如果我从事的是自由职业，我能赚同样多的钱，甚至是更多钱。不过最大的好处也许是，当我不再需要对杰西、万斯或者麦克负责时，我重新获得了自由。

我发誓，我不会再在组织或者企业里做全职工作，在之后的十多年里，我遵守了这个誓言。

雇用虚拟助手

但是遵守这一誓言也让我付出了代价。开始创业一年后，也就是 2007 年，我十分繁忙，考虑到我有足够多的钱来支付工资，于是我准备雇人帮忙。但是我不放心把业务的任何一个环节外包，所以我决定花钱购买兼职家政服务。我雇人打扫家里的卫生，雇人给我做饭，雇人洗衣服以及做其他家务。这很有帮助，让我有时间专注于工作。但是直到后来我才意识到——我仍然需要帮助。

直到 2013 年，我创业的第七年，我遇到了不可避免的问题——我忙不过来了。之前我为了服务好客户，几乎每天都需要查阅收件箱，推进一些关键任务，比如撰写我的第一本书《深潜：10 步重塑你的个人品牌》。这本书让我的事业更进一步，但是随着这本书的出版，一些采访需求、演讲邀请、社交媒体访谈和普通来函纷至沓来，让我无暇顾及。我的收件箱涌现了数百个未回复的信息，而那些重要的信息就这么被淹没了。我感到越来越恐慌，但是我还有繁重的出差日程和大量的客户需求亟待处理，所以根本没有时间去解决这个问题。

我渴望得到帮助，但是之前短暂试了一次，效果并不理想，我只雇用了来自印度的虚拟助手一周。那家劳务公司对"能讲英语"的定义有些过于宽泛。如果有人要代表我开展工作，这个人必须有能力在职场环境中和他人进行良好的沟通。

有一次在会议现场，我发现站在我旁边的是一个作家组织的执行董事，伊芙·布里德伯格（Eve Bridburg）（在《脱颖而出》这本书的一个案例里提到了她），灵感突然就来了。在哪儿可以找到一些需要兼职的优秀作家呢？小说作家！我问布里德伯格，是否认识可能有兴趣给我当的虚拟助手的人，她提议向她团队的邮件列表发送一则招聘启事。在几周内，我就雇用了苏·威廉姆斯（Sue Williams），她是一位有才华的作家和创业者，从那时起，她就开始兼职做我的虚拟助手，在社交媒体上帮我工作——做一些基本的网站维护等工作。

我偶尔也会尝试其他的工作模式，包括和热情的菲律宾虚拟助手一起工作。当然，外包给其他国家的助手的好处是价格要低得多——在菲律宾，全职员工每月 400 ～ 800 美元工资的情况并不罕见。但是，考虑到他们的文化背景各不相同，你可能需要在前期花额外的时间去培训他们，还要监督他们，你总不能指望你们能心有灵犀一点通吧？当然，找到擅长你的语言的员工是有可能的，但是你得仔细寻找。整个虚拟助手行业已经兴起，因此寻找和考察外国虚拟助手候选者变得更加方便。找到 3 ～ 6 个候选者通常需要 500 美元左右，你可以从中做出选择，然后单独和他们签约。

获得你需要的帮助

无论你选择怎样的帮助，国内的虚拟助手、国外的虚拟助手，或者其他形式的帮助，你都应该尽早考虑你需要的人员安排，以免（像我这样）遇到紧急情况。当"缕缕飘香"的创建者比约克·奥斯特罗姆谈到自己在工作中的遗憾之事时，他立马想到了一件事情。他说："我本应尽早组建一个团队，当时什么事情我们都亲力亲为。"在业务开展初期，精打细算并把节省的钱投入到业务中可能是值得的。借助这个重要的机会，你可以了解业务的方方面面，这样你就能知道业务运作的具体细节，之后也能有效地监督员工的工作。不过，别忘了一点：某些工作当放则放。

奥斯特罗姆夫妇聘请了一名簿记员和一名注册会计师来管理他们的财务。但是比约克有一个更大的愿望：他计划聘请更多的人来处理管理事务，比如提供客户支持和答复电子邮件。他知道公司人手短缺阻碍了业务增长。他说："我们的发展在大部分领域都遇到了瓶颈。"他还为公司之前广告投入过少而感到遗憾，"我们可以进军这个巨大的市场……如果我们团队中有人擅长广告投放，那我们的业务将得到迅速的发展"。

千禧一代个人理财专家斯蒂芬妮·奥康奈尔认同奥斯特罗姆夫妇的做法。最近她正专注于招聘员工。她说："很多事情一直是我一个人做，但是我没法再坚持下去了。"她庆幸自己招到了一名助理，但是除了外包管理工作外，她还需要其他方面的帮助。她聘请了一名人脉广泛的高端教练来为自己发展业务和品牌。她说："我为此花了很多钱，但是于我而言，这笔钱花得非常值得。我们的品牌因此得到了媒体和其他品牌的关注，我还因此找到了我的经纪人。这件事做得真的很对。"

试一试

如果你认为自己能从他人的帮助中受益，可以先完成以下事项：

√ 用两周的时间写下每项至少耗费 15 分钟的业务活动。然后制作一张图表。你在哪项业务活动耗费了最多的时间？哪些活动涉及了业务核心（你喜欢做并且只有你能做的事情）？哪些活动不重要，可以外包出去？

√ 基于你需要完成的工作，思考你需要掌握什么技能的虚拟助手。如果有大量的写作任务，你可能需要一个英语母语者。如果有技术需求，比如播客或者视频剪辑，你就需要掌握这种特殊技能的虚拟助手。

√ 一旦你确定了岗位要求，你可以委托机构帮你寻找候选者（如果你在国内招聘，那么这样做大有益处；如果你在国外招聘，那么这样做必不可少），或者自己确定候选者（在克雷格列表网站（Craigslist）上发布广告、询问朋友，或者向自己的邮件列表用户提及相关的工作机会）。

你想要什么类型的业务

所有的业务都能在增长中不断发展兴盛，但是问题在于：需要发展到何种水平呢？大多数人可能会受益于聘请兼职助理或者外包税务筹划。但也有必要考虑一点，如果实现和德里克·哈尔彭所追求的一样的增长模式，会产生哪些后果。哈尔彭很成功，但他可没有时间在海滩上闲逛。当他开始努力时，他会尽力争取新用户订阅他的电子邮件。如果他觉得创建视频或者博客文章能给他带来 50 个新用户，他就会这样做。

如今，哈尔彭的邮件列表已有 20 多万用户，情况就不一样了。他说：“我不再思考为邮件列表增加一百位用户的事情了……现在我试着为列表增加几千人，甚至几万人。”这迫使他开始寻找一些极为有效的方法，比如最近的一项成功举措：他的团队花费了将近 2.5 万美元，开发了一个在线“创业者评估测试”，人们可以注册参加这个测试，同时需要加入他的邮件列表。这项举措在短短四个月内为他带来了 2.1 万多名新用户，但并不是每项举措都有好的结果。他说：“有时候我花费数万美元开发某个活动，并推广这个活动，却以彻底的失败告终。”

当你经营的某个业务需要支付员工薪酬时，你的每个举措所承担的风险都要更高，哈尔彭对此很有感触。他说：“当你有 15 个员工时，开发成本就会急剧上涨。现在我们正在谨慎地尝试采取一种削减开支的方法，以控制开发成本……这样一来，在我们真正清楚这项举措是否有效之前，就不会浪费 2 万、3 万、5 万或者 6 万美元。这很重要。我们想要一鸣惊人。”

让我们来对比哈尔彭建立的企业和有时被称为“生活方式型企业”（lifestyle business）的企业，后者在商界有时被附上一丝贬损的意味。“真正”的企业家希望创建有发展前景的企业，享受爆炸式的增长，并为投资者赚取丰厚的利润，风险投资者绝不会投资生活方式型企业，毕竟这类企业不会经历首次公开募股或者杠杆收购。这类企业的企业家也没有以此为发展目标，相反，他们的目标非常简单：保障企业所有者拥有很高的生活质量。这通常意味着既要考虑财务的优先事项，也要考虑个人的优先事项。

《最重要的往往是下一步》一书的作者詹妮·布雷克就希望自己能拥有很高的生活质量。她说："当一天结束的时候，我希望自己能有空间和时间去安静地旅行、思考和写作。我想要一年挣 100 万美元。我在想，实现这个目标是需要我有 20 个员工，还是我自己就能做到？"

正如她所指出的，你必须清楚对你来说什么才是重要的。她说："我知道获得七位数的收入一般需要做什么，但是我不太喜欢做那些事情。所以我选择了一条更缓慢、更曲折的道路，这会让我感觉更脚踏实地……我每天下午两点或三点下班去做瑜伽，我没有整日工作。早上我会阅读一个小时。这些都是我喜欢做的事情，我宁愿慢慢赚钱，也要尽可能保持真正健康、平和的生活方式。"

在旅行中受益

旅行是许多创业者的梦想，特别是在美国，人们常常每年仅有两周假期，所以几乎不可能去亚洲和澳大利亚等更远的地方旅行。希望有机会住在另一个国家，或者有机会经常旅行往往看起来像个白日梦。但是如果你遵照本书的方法，开发多种收入来源，你也有可能创建一项能在世界任何地方经营的业务。

布雷克回忆道："2013 年 1 月，我想去巴厘岛和泰国待两个月，想在那里处理工作事务，但是我很担心我的业务可能会停滞不前，从此无法恢复之前的发展水平。那样我就会失去动力，也会失去客户，以失败告终。"

布雷克迫切地想要尝试这种生活方式，所以她订了机票。事实证明，那个月"我得到了开展业务以来最多的教练业务。我有一个完整的业务链。我们确实不得不处理一些 Skype 问题和网络故障，但是客户很感兴趣如何在国外生活两个月，他们敬佩我有做出这个选择的勇气。"她甚至有了一些新的澳大利亚客户，因为这些客户和布雷克的时区一致，所以他们能预约到她的教练业务。

两年后，布雷克又去海外度假了。虽然人们常常幻想着长时间的休假，但很少有人能真的拥有这种自由。不过娜塔莉·西森最大限度地实现了工作地点的自由。六年来，她基本上没有固定的工作地点，每次都在不同的目的地停留一两个月。她在企业里工作了八年，但是她还不满足。她心里想道："我想要环游世界，还想一边旅游一边工作。我怎么才能实现这个目标呢？"

如今，她已经游览过 69 个国家，大部分都是这六年浏览的，她在布宜诺斯艾利斯、阿姆斯特丹、巴塞罗那、柏林和洛杉矶等地都居住过。她靠各种活动谋生，她在旅途中就能处理这些活动，比如在线"自由计划"（Freedom Plan）课程、一个面向创业者的在线会员制项目"自由集体"（Freedom Collective）、《手提箱创业者》（*The Suitcase Entrepreneur*）、演讲活动、联盟营销、高端教练业务，以及旅行期间举办的线下研讨会和旅修营。（阅读"你是否准备好'居无定所？'"专栏，测试一下自己是否能在旅途中谋生。）

你是否准备好"居无定所"？

在海滩上工作和环游世界可能听起来很吸引人。但是"居无定所"的生活方式并不适合所有人。下面的一些策略和问题可以帮助你确定自己是否适合这种生活方式。

试点旅行。你不必立马卖掉所有的东西急着去旅行。詹妮·布雷克建议在某个地点体验旅行带给你的所有乐趣，并且感受你所向往的这个地点。她最初在巴厘岛只待了两天，但是她很喜欢那个地方。她说："那里全都和瑜伽、灵性有关，完全适合我居住。"她的下一次旅行持续了一个月，不过她知道自己会享受这次旅行。她说："你不用在那里住一年，待够了立马就走。接下来的一年里你可能会去好几个地方。"

提前规划业务。对创业者而言，即使只是休息几周，计划起来也困难重重。如果你试图计划下个月的事务，确实会遇到很多问题。当我准备 2011 年秋天休假一个月前往印度时，我提前一年告知了我的客户。因此我有足够的时间为我的缺席制定策略，我还确保备份计划能顺利落实，比如提前备好一个月的社交媒体帖子，并决定如果客户需要帮助，哪些同事可以代劳。如果你计划在旅行期间做部分或者全部工作，你可能不用安排得这么事无巨细。但是我旅行的时候完全抛下了工作，所以必须计划得周密一点，以防出现任何问题。

清楚你的最佳工作方式。旅行期间没人会盯着你完成工作。娜塔莉·西森说："如果你擅长管理时间，效率很高，而且有自制力，你可以在任何地方工作。但是如果你需要在特定的地点工作，需要在办公室里，或者总是需要和他人一起工作，你可能就不适合这种方式。"必不可少的第一步就是清楚你的最佳工作方式。

确定自己对临时变化的容忍度。不管怎样，旅行总是充满了不确定因素。你不可避免地会遇到各种情况，比如航班取消、酒店预订出错、Wi-Fi 信号不稳定等。有时这些情况会催生巨大的风险，但是你需要确保自己不会因为过于沮丧和怨恨而无法克服这些问题。西森说："如果你总是希望事情'稳定不变'，你希望基础设施都能称心如意，那么旅行工作可能并不适合你。热带岛屿听起来很棒，可实际上呢？那里通常有着潮湿的天气，还有恼人的蚊子。总会有你预想不到的事情发生。"

选择的自由

西森工作的灵活性带来了多个方面的好处。2015 年 8 月，西森的父亲生病了，她决定搬回新西兰陪伴父亲。她说："我在那时意识到，这种灵活的工作模式实际上在我完全没有想到的方面给了我自由，我可以放下一切，回家陪伴家人。如果我还在公司工作，我肯定不能随时回家，我可能没有时间，或者没有钱直接乘飞机回家。"

她对自由的定义发生了变化。她说，现在她理解的自由是，"有选择的自由，有做决定的自由，你可以决定做什么以及如何分配时间。在那段时间里，这种自由对我而言非常重要。"最后，她的父亲于 2015 年 12 月逝世。[1]

除了西森，还有其他成功的创业者利用工作的灵活性，花更多时间陪伴家人。帕特·弗林凭借智能被动收入网站构建了商业帝国，一年收入远超 100 万美元，他在节目中经常提到家人，讲述自己如何分配时间以便优先考虑家人，比如每天接送孩子上下学。

弗林告诉我："我围绕着妻子、孩子和整个家庭安排工作，所以实际上，当他们在我身边的时候，我不会工作。我一般在他们早上醒来之前，或者在像现在这样的午睡时间，或者当他们还在学校的时候工作。"他说，正是因为对这些重要事务的特别关注，他的工作效率才显著提升。如果最终把时间都浪费在脸书上，"我会觉得很糟糕，因为我会觉得浪费的其实不是我的工作时间，而是陪伴孩子的时间"。

弗林承认自己做出了妥协。"我有很多机会扩大业务规模，挣更多的钱，但我现在会直接对这些事情说不，因为作为父亲，我会把陪伴孩子作为优先事项。"他的优先事项和决定可能会随着孩子的长大而发生变化，但是，现在对他来说，最重要的就是尽可能地花时间陪伴孩子。

试一试

当考虑你在生活和工作中希望达到的自由程度时，首先要明确你的优先事项——优先事项不是你应该实现的目标，而是对你而言真正重要的事情。可以思考以下问题：

√ 你最首要的任务是什么？陪伴孩子？拥有环游世界的自由？

发展一个价值七位数的业务？还是每天下午做瑜伽？

√ 详细地写出你对理想生活的构想。你会怎样分配时间？你会
在哪里？你会和谁在一起？根据你的构想规划工作。明确最
终目标，你才能确定需要多少钱才能实现理想的生活方式，
才能清楚你可以选择怎样的生活（如果你的首要任务就是腾
出时间参加下午的瑜伽课，那么当你是个体创业者而非管理
数百人的经营者的时候，就更容易实现你的首要任务）。

管理时间

作为创业者，你总得学会管理时间。最开始，你剔掉日程表上
的次要事项——漫无目的地刷脸书，或者深夜沉迷于电视，或者某
些社交活动。但是没过多久，你已经削减了所有可能的活动，时间
还是不够用。于是你开始聘请虚拟助手或者其他员工，这令你有时
间专注于最重要的工作，但是你会发现时间还是不够用。这就是成
功的代价。

在当今这个快速发展的社会，工作量无限增长，劳累却毫无价
值的工作会增多，重要且有价值的项目或机会也会增多，它们会填
满你的可用时间，甚至让你身心俱疲。拒绝很难，因为你不仅会让
他人失望，还会损失这部分的收入。如果你清楚自己的优先事项，
比如弗林希望花时间陪伴家人，你就能据此做出选择：这件事是否
能帮助我实现我的目标？

你还需要培养自制力，专注于最重要的任务——那些可以推动你的业务或者事业前进，而且往往需要持续、长期努力的工作，也就是乔治敦大学卡尔·纽波特（Cal Newport）所说的"深层工作"（他还以此为主题写了本书）。与此相对的是"浅层工作"，也就是能带来快速满足的工作，比如回复电子邮件或者完成一些低端的任务。纽波特说，做浅层工作也许能让你保住工作，但是只有做深层工作，你才能得到关注、获得晋升，并为自己赢得声誉。[2]

"男人的品味"频道的博主安东尼奥·森特诺说："创业的第一年可以每周工作七八十个小时，但是从第二年开始，我认为你需要把时间缩短到每周四十个小时。"因为这样你才能长远地、持久地发展。

问题在于，特别是当你为自己工作时，你很容易不经意地为工作所累，你会想：为什么不在智能手机上回复那封电子邮件？为什么不在写作日接那个电话，就破例这一次如何？森特诺的策略是在日历上划分好时间，并且严格遵守日程安排。周二和周四的上午，他会把孩子带到基督教青年会，这样在他锻炼的时候也有人照顾孩子，锻炼完他们再一起去购物。他还开始把周五定为个人休息日。他说："当你把工作时间限制在40个小时或者更少的时间之内时，你将不得不放弃那些不重要的事情。早知道我就早点这么做了。"

如此严格地遵守日程安排并不容易。森特诺说："我过去总是在接电话，我想，这可能就是一次销售机会，机不可失！"但是现在他把电话和会议限定在日程中的特定时间。他说："如果你不是我的姐姐，你跟我没有关系，你也不是我深交的朋友……那你就只能等着。"

在创业初期，业务还不稳定，为了生存你需要尽力达成每一笔销售并且支付员工工资，你可能需要参加每一场会议、接起每一通电话。不过随着时间的推移，你可以有计划地削减工作安排。森特诺回忆道："最开始，每天我都会准备参加会议。后来，我把周二和周四的全天设为会议日。"现在，他只在周三下午开会，所以他能在其余时间专注于重要的活动。

森特诺尽量减少参加会议和打电话的时间，保罗·格雷厄姆（Paul Graham）也有相同的工作准则，格雷厄姆是创业加速器 Y Combinator 的创始人，他在《创造者的日程安排 VS 管理者的日程安排》（*Maker's Schedule, Manager's Schedule*）一文中阐述了有关时间管理的著名观念。[3] 正如格雷厄姆所陈述的那样，管理者的工作是监督和激励员工，他们每天需要时不时地开展一些简短的会议。这样他们才能掌握员工的工作进度，解决迫在眉睫的问题。

但是，"创造者"拥有真正的创造能力，需要有不同的工作节奏。他们需要不受干扰的整块时间，这样他们才能不受约束地发挥自己的创造力。即便一天中只有一两场会议，也会影响他们对工作的投入度，妨害最重要任务的完成度。对管理者而言，一天都是会议会带来成就感。然而，对创造者而言，一天都是会议几乎只能浪费时间。

当你成为一名创业者时，特别是在你获得一些成就之后，人们就会觊觎你的时间。你的员工需要你来监督和指导。潜在的合作伙伴需要你一起思考解决办法。博客创作者想要在博客中提到你，播客创作者想要采访你。还有，不可避免的是，你的老朋友和朋友的朋友都想来向你请教经验。

部分会议能带来回报。你可能通过这些会议开发出新的收入来源，或者达成交易，或者积攒一些人情，然后在某个好日子兑现这些人情。但是太多的会议将带来消极影响。也许当你足够成功时，你能找到代笔帮你写书，找到教育顾问帮你创建在线课程，找到战略伙伴关系的专家帮你处理和搭建人际网络。但在很长一段时间内（也许是永远）你都需要亲力亲为，完成这些高端工作。如果你不能为此腾出时间，而忙于处理一些紧急的"浅层工作"，你将无法完成最重要的事情。

我会严格限制每年重点关注的项目数量，从而确保自己有时间完成高端工作。每半年我会确定两个主要的工作目标，并搁置其他事情，除非这件事情能直接带来收入，或者是不得不做的管理工作。比如，在 2015 年上半年，我的目标是：一，成功出版《脱颖而出》这本书；二，争取在年底前实现邮件列表用户数翻倍，达到 2 万人。2015 年下半年，我继续以扩充邮件列表为目标（最终我的邮件列表用户数在年底达到了 2.5 万人），并且我有了一个新的写作方面的目标，那就是完成《激活副业》这本书的出版提案并上架销售。

俗话说，人们往往会高估自己一天能完成的事情，反而低估自己一年能完成的事情。一次只选择两个主要目标，通过这种方式我迫使自己集中精力，取得进展。我是一个兴趣广泛的人，所以限制自己对我来说十分痛苦。我梦想着同时做很多事情，开创一个播客、写一本书、制作一系列视频、发布一门联合经营的在线课程。但这只是梦想，并不可行，因为妄想做很多事反而会一件都做不好。

本书的重点并不是告诉你应该逐个尝试不同的收入来源，当然也不是同时尝试这些收入来源。你可能讨厌制作油管视频，或者不喜欢教练业务，或者鄙视在线课程的概念。这都没有问题。

本书的重点在于为你提供各种各样的选择。没有人能够或者应该同时尝试所有收入来源，因为你不可能兼顾一切。相反，你应该找到让你感兴趣并快乐的业务，同时还能让你可以利用已有业务来发展它。你可以自由地试验这项业务，因为只有尝试之后你才能确定是否真的感兴趣。一旦你找到一项喜欢的业务，你应该加倍努力，直到在这个领域成为专家，之后再考虑增加其他的业务。"深层工作"才能让你得到认可，吸引受众，将想法转化成收入。

当谈及如何成为成功的创业者，以及如何建立多种收入来源时，无论你是否打算辞掉全职工作，你都需要在创业方面保持专注并积极行动。时间不会为你自动带来发展。你必须督促自己挤出时间去撰写博客文章、录制播客、参加会议或者创建课程。不过当你把这些事情放在首位，并形成习惯时，神奇的事情就会发生。

试一试

有效的时间管理就是落实想法的秘诀。请思考以下问题：

√ 在接下来的半年中，你将专注于哪两件事情（只能有两件事情）？把这两件事情写下来，然后分解目标。若想离目标更近一步，你今天能做什么，本周能做什么？

你为何工作

众所周知，工作领域已经发生了变化，这种变化肯定还会持续下去。21 世纪初，当我决定做一辈子记者的时候，新闻界发生了巨大的变化。我们不知道下一个被颠覆的行业是什么。我们可以看到未来的一丝微光，人工智能、虚拟现实、自动驾驶、3D 打印肯定将会成为发展的主流。但是哪些企业和行业会随之兴起或衰落呢？变动会持续 5 年还是 25 年呢？未来的走向会对你的职业发展产生深远的影响，但是具体的答案没人知道。

我们能做的就是时刻准备着抓住机会，准备以新的方式应用我们的知识和技能。我一直喜爱写作，直到今天，我的工作性质仍然类似于记者。我会写书和撰写博客文章，虽然报酬微薄，但是我能借助写作在其他途径赚钱。通过写作，我开展了有利可图的咨询和演讲业务，还吸引了一些读者，他们可能会加入我的邮件列表，并最终报名参加教练服务或者研讨会或者在线课程。

大约 20 年前，我从研究生院毕业，当时我根本无法预料到我今天的工作样貌。我曾经梦想的工作内容是阅读、写作和分享观点，这些内容都是如今我在做的，但是形式却与当时的想象大不相同。坦率而言，如今的工作更好，因为收入更多、更加自由、更加充实。我必须自觉放下曾经的工作幻想，才能把握当下。

如今，想要找到最稳定的工作，你就应该学习技能、提高社会认可度，以及开发多种可持续发展的收入来源。当你不再依赖某家企业或者单一的收入来源时，你就提高了自己的抗风险能力。你已经在工作领域占据了主导地位。

当然，这不仅仅是为了规避风险。清楚如何通过多种途径利用专业知识赚钱，你才能自由地决定你到底想要过上何种生活。

在互联网出现之前，工作的选择相对有限。也许你可以幸运地找到感兴趣的工作，比如成为一名小说家，或者海外语言教师，或者高端自由顾问。但是这些机会很少，对大多数人而言，要想养活自己，就得每天在办公室里朝九晚五地工作（或者更糟），仅能在短暂的休假时间里休息一会。

不过现在，我们终于开始收获技术曾经允诺的好处。只要愿意调整和改变，机会就是无穷无尽的。新闻记者的工作丢了，你还有其他机会当记者。我们正在发展属于这个时代的工作形式，并以新的方式赚更多的钱。

对固守传统的人而言，这是一个令人恐慌和痛苦的时代。但是，如果你愿意创造性地思考如何将你的知识和专业能力转化成多种收入来源，你就能通过多元化收入获得最大限度的自由。这种自由可能是像娜塔莉·西森那样环游世界，可能是像帕特·弗林那样花时间陪伴孩子，也可能是像詹妮·布雷克那样在宜居之地多待上一段时间。

当我的第一本书《深潜：10 步重塑你的个人品牌》在 2013 年出版的时候，我知道，我必须借此来获得收入。我接受每一个媒体采访，抓住每一次演讲机会，这是对我未来的投资。我想，越多人知道我和我的工作，我在未来就会越成功。当时我刚经历了一场令人心痛的分手，尤其在我心爱的猫死后，我就更没有理由待在家里了，那里根本没有家的感觉。在接下来的三年里，我几乎都在路上奔波，我举办了 194 场单独的演讲活动。我很享受新环境，也享受旅行偶尔带来的魅力，而且坦率而言，我很开心能够分散注意力，让我不总是想着那些伤心的事情。

总之我从中获得了满足感。

在会议和活动上发表演讲，以及前往各地为客户提供咨询服务将永远是我商业模式的一部分。但是如果我完全依靠提供服务赚钱，那不免会受到时间或者身体能力的限制。在 2015 年我举办了 74 场讲座，我已经达到了极限。我只想待在纽约的家里，我知道要想实现这个想法，需要开发出依靠互联网的新收入模式。

其实很简单，将想法转化为收入并开始创业就意味着你将获得更多的选择。如果你有一份全职工作的话，你可以选择继续做这份工作，同时你还拥有一个备用方案，以保障自己能有稳定的收入来源。如果你全身心地为自己工作，你就有能力按照自己的想法重新塑造生活和事业。

几年来，我希望自己大部分时间都在路上，我喜欢这种工作模式，我可以在短时间内认识这个世界，还能结识很多本没有机会认识的人。也许我会偶尔想要再过一次这样的生活。但是我们的需求总是会发生改变，正如"手提箱创业者"西森一样，她决定回家照顾生病的父亲。现在我想要少些在路上的时间，在纽约多待些日子，开始建立一种不同的工作和生活模式。我写这本书是为了学习如何丰富自己的选择，并建立利润丰厚且有灵活性的工作模式，以便我能按照自己的意愿生活，我也希望能和大家分享这些经验。

　　你最终要实现工作生活和家庭生活的和谐统一。分享你最好的想法可以有力地帮助到他人，并为你的工作赋予意义。我们当前的时代影响力和收入已经脱钩，因为任何人都能写博客或者录制播客或者自行出版，内容已经变成了商品。为了让你的努力具有可持续性，你必须创造性地、有意识地思考如何将想法转化为收入。我希望本书可以为你指明方向。

　　世界需要你的想法，你也需要因此获得收入，这就是获得知名度、影响力和自由的道路。

注　释

第一章

1. 博兹·达尔是个笔名。博兹（他的真名）喜欢用笔名写书和教课，以便区分他的本职工作和创业工作。

2. Mary Meeker, "Internet Trends 2016—Code Conference," KPCB, June 1, 2016, slide 98, http://www.kpcb.com/internet-trends.

3. Nelson D. Schwartz, "U.S. Growth and Employment Data Tell Different Stories," *New York Times*, January 17, 2016, http://www.nytimes.com/2016/01/18/business/economy/us-growth-and-employment-data-tell-different-stories.html.

4. Carl Bialik, "Seven Careers in a Lifetime? Think Twice, Researchers Say," *Wall Street Journal*, September 4, 2010, http://www.wsj.com/articles/SB10001424052748704206804575468162805877990.

5. Amy Adkins, "Majority of U.S. Employees Not Engaged Despite Gains in 2014," Gallup, January 28, 2015, http://www.gallup.com/poll/181289/majority-employees-not-engaged-despite-gains-2014.aspx.

6. Jeffrey Sparshott, "By One Measure, Wages for Most U.S. Workers Peaked in 1972, *Wall Street Journal*, April 17, 2015, http://blogs.wsj.com/economics/2015/04/17/by-one-measure-wages-for-most-u-s-workers-peaked-in-1972/.

7. "Freelancing in America: 2015," Daniel J. Edelman Inc., September 24, 2015, http://www.slideshare.net/upwork/2015-us-freelancer-survey-53166722/1.

8. "Freelancers Union and Upwork Release New Study Revealing Insights into the Almost 54 Million People Freelancing in America," Upwork press release, October 1, 2015, https://www.upwork.com/press/2015/10/01/freelancers-union-and-upwork-release-new-study-revealing-insights-into-the-almost-54-million-people-freelancing-in-america/; Vivian Giang, "40 Percent of Americans Will Be Freelancers by 2020," *Business Insider*, March 21, 2013, http://www.businessinsider.com/americans-want-to-work-for-themselves-intuit-2013-3.

9. David Searls, "Adventures with Because Effects," *Doc Searls Weblog*, November 28, 2007, https://blogs.harvard.edu/doc/2007/11/28/adventures-with-because-effects/.

第二章

1. Nicholas Carlson, "Facebook Slightly Tweaked How The Site Works—And It Screwed An Entire Profession," *Business Insider*, December 13, 2013, http://www.businessinsider.com/facebook-screws-social-media-marketers-2013-12.

2. Danny Sullivan, "Just Like Facebook, Twitter's New Impression Stats Suggest Few Followers See What's Tweeted," *Marketing Land*, July 11, 2014, http://marketingland.com/facebook-twitter-impressions-90878.

3. "Email Statistics Report," 2015–2019, Radicati Group, February 2015, http://www.radicati.com/wp/wp-content/uploads/2015/02/Email-Statistics-Report-2015-2019-Executive-Summary.pdf.

第四章

1. 利比·凯恩（Libby Kane）："这位女士最开始的年薪是 4.2 万美元，现在收入已经增长了六倍多，她想和创业者分享一些最有效的建议。" *Business Insider*, March 29, 2016, http://www.businessinsider.com/selena-soo-best-advice-for-entrepreneurs-2016-3.

2. Tom Peters, "The Brand Called You," *Fast Company*, August 31, 1997, https://www.fastcompany.com/28905/brand-called-you.

第五章

1. Dorie Clark, "How to Become a Successful Professional Speaker," *Forbes*, June 10, 2013, http://www.forbes.com/sites/dorieclark/2013/06/10/how-to-become-a-successful-professional-speaker/#3e073b61326f.

2. Ibid.

第六章

1. Josh Morgan, "How Podcasts Have Changed in Ten Years: By the Numbers," *Medium*, September 2, 2015, https://medium.com/@slowerdawn/how-podcasts-have-changed-in-ten-years-by-the-numbers-720a6e984e4e#.nnd438vtn.

2. "Connected Car Forecast: Global Connected Care Market to Grow Threefold Within Five Years," GSMA, April 2013, http://www.gsma.com/connectedliving/wp-content/uploads/2013/06/cl_ma_forecast_06_13.pdf.

3. Dorie Clark, "Here's the Future of Podcasting," *Forbes*, November 19, 2014, http://www.forbes.com/sites/dorieclark/2014/11/19/heres-the-future-of-podcasting/#7889ecfac7e6.

4. Morgan, "How Podcasts Have Changed in Ten Years: By the Numbers."

5. Steven Perberg, "Podcasts Face Advertising Hurdles," *Wall Street Journal*, February 18, 2016, https://www.wsj.com/articles/podcasts-face-advertising-hurdles-1455745492.

6. Ibid.

7. Hank Green, "The $1,000 CPM," *Medium*, April 5, 2015, https://medium.com/@hankgreen/the-1-000-cpm-f92717506a4b#.e26renkgh.

第七章

1. "November Traffic and Income Report," *Pinch of Yum*, December 19, 2016, http://pinchofyum.com/november-traffic-income-report#income.

2. Clive Thompson, "The Early Years," *New York Magazine*, n.d., http://nymag.com/news/media/15971/.

3. Dan Schawbel, "Mario Forleo: How She Grew Her Brand to Oprah Status," *Forbes*, May 16, 2013, http://www.forbes.com/sites/danschawbel/2013/05/16/marie-forleo-how-she-grew-her-brand-to-oprah-status/#6335276d2135.

4. "Ultimate Guide to Double Monk Strap Dress Shoes," *Real Men, Real Style*, n.d., http://www.realmenrealstyle.com/guide-double-monk-strap/.

第九章

1. Jared Kleinert, "Should Millennials Get Into Internet Marketing?" *Forbes*, December 7, 2015, http://www.forbes.com/sites/jaredkleinert/2015/12/07/should-millennials-get-into-internet-marketing/#7c76a724309d.

2. Pat Flynn, "SPI 190: Step by Step Production Creation with Bryan Harris," *Smart Passive Income*, December 2, 2015, http://www.smartpassiveincome.com/podcasts/spi-190-step-step-product-creation-bryan-harris/.

第十章

1. Joanna Penn, "Six Figure Success Self-Publishing Non-Fiction Books With Steve Scott," *Creative Penn,* October 14, 2014, http://www.thecreativepenn.com/2014/10/14/non-fiction-success/.

2. James Altucher, "How to Go from $0–$40,000 a Month Writing From Home," July 2014, http://www.jamesaltucher.com/2014/07/ep-23-go-0-40000-month-writing-home/.

3. Steve Scott, "9 Steps for Building an Email List from Scratch," n.d., http://www.stevescottsite.com/new-email-list.

4. Tim Ferriss, "How a First-Time Author Got a 7-Figure Book Deal," The Tim Ferriss Show, April 15, 2013, http://fourhourworkweek.com/2013/04/15/how-to-get-a-book-deal/.

5. Alexis Grant, "Make a Living on Your Own Terms, Doing Work You Love," n.d., http://alexisgrant.com/self-employment/.

6. "Kickstarter vs. Indiegogo: Which One to Choose," The Crowdfunding Formula, n.d., https://thecrowdfundingformula.com/2015/11/13/kickstarter-vs-indiegogo-2/.

第十一章

1. Darren Rowse, "How I Started Making Money with Amazon's Affiliate Program," *ProBlogger*, April 24,2013, http://www.problogger.net/archives/2013/04/24the-ultimate-guide-to-making-money-with-the-amazon-affiliate-program/.

2. Pat Flynn, "My April 2016 Monthly Income Report," *Smart Passive Income*, May 9, 2016, http://www.smartpassiveincome.com/income-reports/my-april-2016-monthly-income-report/.

第十二章

1. Natalie Sisson, "Looking for More Freedom in Your Life? Here's How I Did It . . . ," *The Suitcase Entrepreneur*, http://suitcaseentrepreneur.com/about/.

2. Cal Newport, "Deep Work," *Art of Charm*, http://theartofcharm.com/podcast-episodes/cal-newport-deep-work-episode-515/.

3. Paul Graham, "Maker's Schedule, Manager's Schedule," July 2009, http://www.paulgraham.com/makersschedule.html.

致　谢

感谢在我撰写《激活副业：个人多元创收的 N 种方法》的过程中提供帮助的那些人。首先要感谢各位才华横溢的创业者，他们分享了自己的故事，激励了许多人发展自己喜爱的事业以及追求自己向往的生活。

我的经纪人卡罗尔·弗兰科（Carol Franco）能力出色，指导了本书以及《深潜：10 步重塑你的个人品牌》和《脱颖而出》的问世。我很高兴能和哈佛商业评论出版社的"重塑人生"出版团队再次合作，团队成员有杰夫·基霍（Jeff Kehoe），他负责编辑本书，还有斯蒂芬妮·芬克斯，设计了精妙绝伦的书籍封面。感谢宣传专家朱莉·德沃尔（Julie Devoll）和尼娜·诺乔利诺（Nina Nocciolino），编辑助理肯齐·特拉弗斯（Kenzie Travers）以及制作编辑戴夫·利文斯（Dave Lievens）。

苏·威廉姆斯和我一起工作了四年多，她的才能和数码知识十分出众，当我需要通过各种渠道与读者和同事沟通时，她提供了很多帮助。

感谢各位优秀的读者，他们给了我很多分享观点的机会，我们之间的沟通也丰富了我的认知。我想向"公认专家"课程的学生表达一份特别的谢意，他们取得了很多成就，我为他们努力分享自己的突破性观点而格外自豪。

如果你也想成为与我常联系的 5 万名读者中的一员，可以登录我的个人网站 dorieclark.com/entrepreneur，并下载免费的自我评估手册。

我也很感谢许多组织，包括哈佛商业评论、杜克大学福库商学院等，邀请我写作、演讲、教学和分享观点。

无论想要完成什么事情，特别是写书这样需要集中精力、花长时间才能完成的项目，都需要生活中的爱和支持。我的母亲盖尔·克拉克（Gail Clark）给予了我源源不断的鼓励，拥有这样的母亲我倍感幸运。我也很感谢安·托马斯（Ann Thomas）在我成长过程中付出的爱和关怀，感谢肖莎娜·利夫（Shoshana Lief）提醒我就算在写书时也要记得享受生活。

我很感激拥有一群才能出众的朋友：詹妮·布雷克、乔尔·加涅（Joel Gagne）、艾丽莎·科恩（Alisa Cohn）、杰西卡·利普斯（Jessica Lipps）、里奇·塔菲尔（Rich Tafel）、杰森·范·奥登、梅兰妮·范·奥登、玛丽·因孔特雷拉（Marie Incontrera）、佩特拉·科尔伯（Petra Kolber）、苏珊·罗恩（Susan RoAne）、约翰·科克伦、乔丹·哈宾格、珍·廖（Jen Liao）、贾达·波拉克（Judah Pollack）、本·米凯利斯（Ben Michaelis）、卡比尔·塞加尔（Kabir Sehgal）、杰西·亨普尔（Jessi Hempel）、卡佳·佩里纳（Kaja Perina）、斯蒂芬·莫里森（Stephen Morrison）、罗恩·卡鲁奇（Ron Carucci）、沙玛·海德（Shama Hyder）、迈克尔·波特（Micheal Port）、艾米·波特（Amy Port）等。我也永远不会忘记帕蒂·阿德尔斯伯格（Patty Adelsberger）。

如果不谈及猫——我们最棒的陪伴对象和谈心对象，致谢将不完整。就在我完成《激活副业：个人多元创收的 N 种方法》初稿的时候，我收养了两只流浪猫——希斯（Heath）和菲利普（Phillip）。它们给我的生活带来了极大的快乐，特别在我失去了心爱的小猫吉迪恩（Gideon）和"亲女儿"小猫哈丽特（Harriet）之后。收养一只无家可归的宠物是人类所能做的最伟大的事情之一，在它们爱的熏陶下，你会知道如何才能成为一个更好的人。访问宠物领养网站或者前往当地的收容所，你立马就能觅到命中注定的宠物猫或者宠物狗。

推荐阅读

欧洲管理经典 全套精装

欧洲最有影响的管理大师
（奥）弗雷德蒙德·马利克 著

超越极限

如何通过正确的管理方式和良好的自我管理超越
个人极限，敢于去尝试一些看似不可能完成的事。

转变：应对复杂新世界的思维方式

在这个巨变的时代，不学会转变，错将是你的常态，
这个世界将会残酷惩罚不转变的人。

管理成就生活（原书第2版）

写给那些希望做好管理的人、希望过上高品质的生活
的人。不管处在什么职位，人人都要讲管理，
出效率，过好生活。

管理：技艺之精髓

帮助管理者和普通员工更加专业、更有成效地完成
其职业生涯中各种极具挑战性的任务。

战略：应对复杂新世界的导航仪

制定和实施战略的系统工具，
有效帮助组织明确发展方向。

公司策略与公司治理：如何进行自我管理

公司治理的工具箱，
帮助企业创建自我管理的良好生态系统。

正确的公司治理:发挥公司监事会的效率应对复杂情况

基于30年的实践与研究，指导企业避免短期行为，
打造后劲十足的健康企业。

读者交流QQ群：84565875